KB130776

마법 영단어 600

교육부에서 발표한 필수 영단어 600개를 정리한 것입니다.

이 책을 펴내며...

안녕하세요.
"마법영단어 600"을 통해 만나게 되어서 참으로 반갑습니다.
영어 공부하시기 힘드시죠.
저도 그랬습니다.
비싼 교재, 영어단어장, 문법교재, 영어테이프 등등 좋다는 것들은 다 욕심을 냈던
것 같습니다.
그래서 제가 영어성적이 높았냐면 그렇지도 않았습니다.
작심삼일도 문제지요.
어려운 교재탓도 지금은 해봅니다.
정말로 왕초보를 위한 책은 없었어요.
단어를 외울 때 왜 그렇게 읽는지 발음기호를 설명해놓은 단어장도 없었고 선생님
도 설명해 주시질 않았어요.
무식하게 외우는 수 밖에 없었어요.
이해가 되든지 안되든지 그저 외우는 방법밖에는 길이 없었어요.
학교를 졸업한지 20년이 넘어서 왜 영어에 대해 관심을 가졌냐면요...
외국에 나가서 영어를 모르니까 국제 미아 되기 딱 좋겠더라구요.
엄청난 충격에 휩싸여 집으로 돌아왔습니다.
중·고등학교 다닐 때 배운 영어 단어덕을 톡톡히 봤습니다.
제대로 기억나지는 않았지만 손짓 발짓 섞어서 하니까 알아들으시더군요.
학교다닐 때 조금 더 열심히 공부할 것을 그랬다고 후회 엄청나게 했습니다.
여러분 이 책은 영어공부를 아주 잘하시는 분들을 위한 영어단어장이 아닙니다.
영어 공부를 시작하시겠다고 마음먹으신 분들을 위한 책입니다.
교육부에서 발표한 2000여 단어 중 아주 기본적인 단어 600여개를 골라서 외우시
기 쉽게 정리해 놓았습니다.
600단어만 아셔도 많이 아시는 겁니다.
이 책을 완벽하게 외우시고 좀더 단어양을 늘려 가십시오.
계획표를 짜시고 매일 매일 실천하세요.
설사 그날 공부를 전혀 못하시더라도 과감하게 넘어가세요.
꼭 그렇게 하셔야 합니다.
그래서 책을 끝장까지 다 보시면 이제는 책의 뒷페이지에서 부터 계획을 짜서 공부
해 나가세요.

지루하지 않게 책을 여러번 보고 공부할 수 있습니다.

책의 겉장에 몇년 몇월 몇일서부터 공부를 시작해서 끝냈다고 기록하시고 스스로 사인하세요. 도장을 찍으셔도 좋습니다.

내용을 완벽히 외우고 안외우고는 상관이 없습니다.

영어 단어장을 처음부터 끝까지 보고 공부했다는 점은 당연히 칭찬 받을만 합니다.

스스로를 칭찬해주세요. 훌륭합니다.

여러번 반복하면 그 당시에는 잘 외워지지 않았던 단어들이 쉽게 외워집니다.

오래도록 생각이 저절로 납니다.

시작이 반이라고 합니다.

여러분, 영어공부를 하실때는 단어가 기본입니다.

누구나 다알고 있는 이야기이지만 영어단어 많이 알고 있는 사람은 그리 많지 않습니다.

외우고 익히려면 시간과 노력이 필요합니다.

공짜로 생기는 것은 아무것도 없습니다.

계획을 세우고 꼭 실천하고 말겠다는 굳은 결심을 갖고 열심히 하세요.

중간에 그만하고 싶은 생각이 들때는 눈을 감고 잠시 상상하세요.

책을 끝까지 마치고 자신이 너무 자랑스러워 웃고 있는 본인의 모습을 꼭 상상하세요.

상상하면 그대로 이루어집니다.

이 책과 인연 맺으신 여러분은 공부하시고자 하는 의지가 굳으신 분들이십니다.

착한 사람들은 착한 마음 덕분에 일들이 다 잘되어 갑니다.

다소 결과가 늦게 나타나더라도 마음 조급해하시지 마세요.

더 큰 복을 가져오려고 그러는 겁니다.

공부를 잘하고자 마음먹은 분들은 성적이 올라가고 공부가 잘되어 갑니다.

마음이 결정되면 몸은 마음을 따라갑니다.

부디 사소한 공부계획이라도 소홀히 생각마시고 꼭 실천하세요.

자신을 소중히 하시고 자신감을 가지세요.

새벽부터 밤늦게까지 공부하시는 여러분들을 응원합니다.

두서없이 아줌마가 긴 글을 적어보았습니다.

사회에 나가서 훌륭하게 자신의 자리를 지키고 열심히 일하시는 여러분들을 미리 만나 뵈었군요.

긴글 읽어주셔서 감사합니다.

그럼 저는 저녁 식사준비하러 갑니다.

건강하시고 행복하세요.

2006년 2월 1일

저자 씀

차 례

알파벳

순서	발음	소문자	대문자	순서	발음	소문자	대문자
1	에이	a	A	14	엔	n	N
2	비~	b	B	15	오우	o	O
3	시~	c	C	16	피~	p	P
4	디~	d	D	17	큐~	q	Q
5	이~	e	E	18	알	r	R
6	에프	f	F	19	에스	s	S
7	지~	g	G	20	티~	t	T
8	에이치	h	H	21	유~	u	U
9	아이	i	I	22	비~	v	V
10	제이	j	J	23	더블류	w	W
11	케이	k	K	24	엑스	x	X
12	엘	l	L	25	와이	y	Y
13	엠	m	M	26	지~	z	Z

※ 항상 중요한 것부터 공부하는 습관을 가지세요.
　여기에서 가장 중요한 것은 발음과 소문자를 외우는 것입니다.

●●● 발음기호표 ●●●

1	[a]	아	21	[iə]	이어	
2	[:]	길게소리냄	22	[ɛə]	에어	
3	[a:]	아~	23	[j]	이	
4	[e]	에	24	[ju]	유	j (이) + u (우) = ju (유)
5	[ɛ]	에	25	[ja]	야	j (이) + a (아) = ja (야)
6	[i]	이	26	[je]	예	j (이) + e (에) = je (예)
7	[i:]	이~	27	[jɔ]	요	j (이) + ɔ (오) = jɔ (요)
8	[o]	오	28	[jə]	여	j (이) + ə (어) = jə (여)
9	[ɔ]	오	29	[ju:]	유~	j (이) + u: (우~) = ju: (유~)
10	[u]	우	30	[jə:]	여~	j (이) + ə: (어~) = jə: (여~)
11	[u:]	우~	31	[ji]	이	j (이) + i (이) = ji (이)
12	[ə]	어	32	[auə]	아워	a(아)+u(우)+ə(어)=a(아)+uə(워)=auə(아워)
13	[ə:]	어~	33	[ya]	야	y (이) + a (아) = ya (야)
14	[ʌ]	어	34	[yu]	유	y (이) + u (우) = yu (유)
15	[æ]	애	35	[yo]	요	y (이) + o (오) = yo (요)
16	[ei]	에이	36	[w]	우	
17	[ɔi]	오이	37	[wi]	위	w (우) + i (이) = wi (위)
18	[ai]	아이	38	[wa]	와	w (우) + a (아) = wa (와) "우아"를 빨리발음하면 "와"가 됩니다.
19	[ou]	오우	39	[we]	웨	w (우) + e (에) = we (웨)
20	[au]	아우	40	[wɔ]	워	w (우) + ɔ (오) = wɔ (워) "우오"를 빨리발음하면 "워"가 됩니다.

41	[wɔ:]	워~	w (우) + ɔ: (오~) = wɔ: (워~)
42	[wɔ:r]	워~	w (우) + ɔ:r (오~) = wɔ:r (워~) ① 이탤릭체 "r"은 발음을 생략합니다.
43	[wə:]	워~	w (우) + ə: (어~) = wə: (워~)
44	[wə:r]	워~	w (우) + ə:r (어~) = wə:r (워~)
45	[ər]	어	ə (어) + r (이탤릭체 "r"은 발음생략)
46	[ə:r]	어~	ə: (어~) + r (이탤릭체 "r"은 발음생략)
47	[ɔr]	오	ɔ (오) + r (이탤릭체 "r"은 발음생략)
48	[ɔ:r]	오~	ɔ: (오~) + r (이탤릭체 "r"은 발음생략)
49	[g]	ㄱ	
50	[n]	ㄴ	
51	[d]	ㄷ	
52	[ð]	ㄷ	
53	[l]	ㄹ	"l"은 첫소리 또는 끝소리로 쓰입니다. "l→ㄹ"의 앞뒤에 모음이 오면 앞모음에서는 받침, 뒷모음에서는 첫소리로 쓰입니다.
54	[r]	ㄹ	"r"은 첫소리로만 쓰입니다. "r→ㄹ"은 첫소리라고 외우십시오.
55	[m]	ㅁ	
56	[b]	ㅂ	
57	[v]	ㅂ	
58	[θ]	ㅅ	
59	[s]	ㅅ	
60	[ʃ]	시, 슈	[ʃ]는 '시'로 읽지만 [ʃ]가 자음앞에 위치한 경우에는 '슈'로 읽음
61	[ŋ]	ㅇ	

62	[z]	ㅈ	
63	[ʒ]	ㅈ, 지	[ʒ]가 모음 앞에서는 'ㅈ'으로 쓰이고, 자음 앞에서는 '지'로 발음기호 맨 끝에서는 '지'로 쓰임
64	[dʒ]	ㅈ,지	[dʒ]가 모음 앞에서는 'ㅈ'으로 쓰이고, 자음 앞에서는 '지'로 발음기호 맨 끝에서는 '지'로 쓰임
65	[tʃ]	ㅊ,치	[tʃ]가 모음 앞에서는 'ㅊ'으로 쓰이고, 자음 앞에서는 '치'로 발음기호 맨 끝에서는 '치'로 쓰임
66	[t]	ㅌ	
67	[p]	ㅍ	
68	[f]	ㅍ	
69	[h]	ㅎ	
70	[ʃən]	션	ʃ(시) + ə(어) + n(ㄴ)=ㅅ + 이 + 어 + ㄴ=ㅅ + 여 + ㄴ=션
71	이탤릭체 *r*		사전에서 이탤릭체로 쓴 *r* 은 발음하지 않고 생략합니다.
72	이탤릭체		사전에서 이탤릭체로 쓴 은 발음하지 않고 생략합니다.
73	(ə)	( )	괄호안의 (ə)와 ( )는 발음이 너무 약하게 나서 빨리 발음하게 되면 거의 들리지 않습니다. 그래서 생략이 가능합니다.

※ 반모음 2개 :

① [w] (우) ② [j] (이)

- [w]→우 (예) [wa] → w (우) + a (아) → wa (와)
   [wi] → w (우) + i (이) → wi (위)

- [j]→이 (예) [ju] → j (이) + u (우) → ju (유)
   [ja] → j (이) + a (아) → ja (야)

- 알파벳에서 j→ㅈ이지만 [j]가 발음기호로 쓰이면 모음 "이"의 역할을 합니다.

※ 모음은 자음과는 다르게 단독으로 의미를 가질 수 있는 최소의 단위입니다.

※ 반모음은 모음과 달리 단독으로 쓰이지 못하고 다른 모음과 합쳐져서 쓰입니다. 모음의 기능이 약하다는 의미로 반쪽모음, 반모음이라고 합니다.

●●● 한글의 자음과 모음 ●●●

자 음
ㄱ(기역)　ㄴ(니은)　ㄷ(디귿)　ㄹ(리을)　ㅁ(미음)　ㅂ(비읍)　ㅅ(시옷) ㅇ(이응)　ㅈ(지읒)　ㅊ(치읓)　ㅋ(키읔)　ㅌ(티읕)　ㅍ(피읖)　ㅎ(히읗) ㄲ(쌍기역)　ㄸ(쌍디귿)　ㅃ(쌍비읍)　ㅆ(쌍시옷)　ㅉ(쌍지읒)

모 음
ㅏ　ㅑ　ㅓ　ㅕ　ㅗ　ㅛ　ㅜ　ㅠ　ㅡ　ㅣ ㅐ　ㅒ　ㅔ　ㅖ　ㅘ　ㅚ　ㅝ　ㅞ　ㅟ　ㅢ

※ 한글은 첫소리, 중간소리, 끝소리(받침)가 있습니다.
　자음은 단독으로 쓰이지 못하고 꼭 모음과 같이 있어야 합니다.
　한글은 "첫소리 + 중간소리" 또는 "첫소리 + 중간소리 + 끝소리"로 구성됩니다.
　그래서 위의 모음은 아, 야, 어, 여, 오, 요, 우, 유, 으, 이, 애, 얘, 에, 예, 와,
　외, 워, 웨, 위, 의로 쓰입니다.
　음운법칙을 따르기 위해서 음가가 없는 형식적인 기호 "ㅇ"을 붙였습니다.

① 기
첫 소 리 → ㄱ 중간소리 → ㅣ(이)

② 역
첫 소 리 → ㅇ 중간소리 → ㅕ(여) 끝 소 리 → ㄱ

③ 남
첫 소 리 → ㄴ 중간소리 → ㅏ(아) 끝 소 리 → ㅁ

④ 꽃
첫 소 리 → ㄲ 중간소리 → ㅗ(오) 끝 소 리 → ㅊ

A → 42개

1	a	〔어 ə〕	하나의
2	an	〔언 ən〕	하나의
3	ability	〔어빌러티 əbíləti〕	능력
4	able	〔에이블 éibl〕	~할 수 있는
5	about	〔어바우트 əbáut〕	~에 관하여
6	above	〔어버브 əbʌ́v〕	~의 위에
7	absent	〔애브슨트 ǽbs(ə)nt〕	결석의
8	across	〔어크로~스 əkrɔ́ːs〕	~을 가로질러
9	act	〔액트 ǽkt〕	행동
10	add	〔애드 ǽd〕	더하다
11	address	〔어드레스 ədrés〕	주소
12	after	〔애프터 ǽftər〕	~의 후에
13	afternoon	〔애프터눈 ǽftərnúːn〕	오후
14	again	〔어겐 əgén〕	다시
15	age	〔에이지 eidʒ〕	나이
16	ago	〔어고우 əgóu〕	~전에
17	air	〔에어 ɛər〕	공기
18	airplane	〔에어플레인 ɛ́ərplein〕	비행기
19	airport	〔에어포~트 ɛ́ərpɔːrt〕	공항
20	all	〔올 ɔːl〕	모든
21	alone	〔얼로운 əlóun〕	혼자서
22	also	〔올소우 ɔ́ːlsou〕	또한
23	always	〔올웨이즈 ɔ́ːlweiz〕	항상
24	and	〔앤드 ænd〕	그리고
25	angel	〔에인절 éindʒəl〕	천사
26	angry	〔앵그리 ǽŋgri〕	화가난
27	animal	〔애너멀 ǽnəməl〕	동물
28	another	〔어너더 ənʌ́ðər〕	또 하나의
29	answer	〔앤서 ǽnsər〕	대답하다
30	ant	〔앤트 ænt〕	개미
31	any	〔에니 éni〕	얼마간의
32	apple	〔애플 ǽpl〕	사과
33	arm	〔암 aːrm〕	팔
34	around	〔어라운드 əráund〕	주위에
35	arrive	〔어라이브 əráiv〕	도착하다
36	art	〔아~트 aːrt〕	예술
37	as	〔애즈 æz〕	~와 같이
38	ask	〔애스크 æsk〕	묻다
39	at	〔앳 æt〕	~에
40	aunt	〔앤트 ænt〕	아주머니

| 41 | avoid | 〔어보이드 əvɔ́id〕 | 피하다 |
| 42 | away | 〔어웨이 əwéi〕 | 떨어져서 |

1. a 〔어 ə〕 하나의

ə→어

2. an 〔언 ən〕 하나의

ə→어　n→ㄴ
↓
언

3. ability 〔어빌러티 əbíləti〕 능력

ə→어　b→ㅂ　i→이　l→ㄹ　ə→어　t→ㅌ　i→이
↓　　　　↓　　　　↓　　　　　↓
어　　　 빌　　　 러　　　　 티

※ "l→ㄹ"입니다.
　"l→ㄹ"의 앞뒤로 모음이 올때는 앞의 모음에는 받침으로 쓰이고, 뒷모음에서는 첫소리
로 쓰입니다. 자주 나오는 내용이니 꼭 외우십시오.

4. able 〔에이블 éibl〕 ~할수있는

e→에　i→이　b→ㅂ　l→ㄹ
↓　　　↓　　　↓
에　　 이　　 ㅂ+⊙+ㄹ=블

※ 자음끼리는 글자가 되지 못하므로 이럴때는 모음 "으"를 사용합니다.
　"l→ㄹ"은 첫소리 또는 받침으로 쓰이고 "r→ㄹ"은 첫소리로만 쓰입니다.
　"l→ㄹ"은 앞뒤로 모음이 오는 경우에는 앞모음에는 받침으로 쓰이고 뒷모음에서는 첫
소리로 쓰입니다.

5. about 〔어바우트 əbáut〕 ~에 관하여

ə→어　b→ㅂ　a→아　u→우　　t→ㅌ
↓　　　↓　　　↓　　　↓
어　　 바　　 우　　 ㅌ+⊙=트

※ 자음 혼자서는 발음을 할 수 없으므로 이럴때는 항상 모음 "으"를 사용합니다.

6. above 〔어버브 əbʌ́v〕 ~의 위에

ə→어　b→ㅂ　ʌ→어　　v→ㅂ
↓　　　↓　　　↓
어　　 버　　 ㅂ+⊙=브

11

7. absent 〔애브슨트 æbs(ə)nt〕 결석의

æ→애   b→ㅂ   s→ㅅ   (ə)→생략   n→ㄴ   t→ㅌ

⇩　　　⇩　　　　　　⇩　　　　　　　⇩

애　　　ㅂ+ㅇ=브　　　ㅅ+ㅇ+ㄴ=슨　　　ㅌ+ㅇ=트

※ (ə)는 발음을 생략합니다.

　( )→괄호 표시는 생략을 해도 된다는 뜻입니다.

　여기에서 "ə" 발음이 너무 약하게 나서 빨리 발음 할 때는 거의 들리지가 않으므로 "ə"

　를 생략하고 모음 "으"를 첨가했습니다.

---

8. across 〔어크로~스 əkrɔ́:s〕 ~을 가로질러

ə→어   k→ㅋ   r→ㄹ   ɔ:→오~   s→ㅅ

⇩　　　⇩　　　　　⇩　　　　⇩

어　　　ㅋ+ㅇ=크　　　로~　　　ㅅ+ㅇ=스

※ "r→ㄹ"은 첫소리로 쓰입니다.

---

9. act 〔액트 ækt〕 행동

æ→애   k→ㅋ   t→ㅌ

　　　　⇩　　　　⇩

　　액→액　　　ㅌ+ㅇ=트

※ "액→액"이 된 이유

　● 받침으로 쓰일 수 있는 자음의 갯수를 정해 놓은 것입니다.

　종류 : ①ㄱ ②ㄴ ③ㄹ ④ㅁ ⑤ㅂ ⑥ㅅ ⑦ㅇ

---

10. add 〔애드 æd〕 더하다

æ→애   d→ㄷ

⇩　　　⇩

애　　　ㄷ+ㅇ=드

---

11. address 〔어드레스 ədrés〕 주소

ə→어   d→ㄷ   r→ㄹ   e→에   s→ㅅ

⇩　　　⇩　　　　⇩　　　⇩

어　　　ㄷ+ㅇ=드　　　레　　　ㅅ+ㅇ=스

---

12. after 〔애프터 æftər〕 ~의 후에

æ→애   f→ㅍ   t→ㅌ   ər→어

⇩　　　⇩　　　　⇩

애　　　ㅍ+ㅇ=프　　　터

※ ər에서 r은 발음하지 않습니다. 이탤릭체로 쓰이면 "r→ㄹ"이 아닙니다.

　예를 들어 ər→어, ə:r→어~, ɔr→오, ɔ:r→오~ 입니다.

13. afternoon 〔애프터눈 æftərnúːn〕 오후

æ→애　f→프　t→트　ər→어　n→ㄴ　uː→우~　n→ㄴ

⇓　　⇓　　　　⇓　　　　　⇓
애　　프+ⓞ=프　　터　　　누~

누~+ㄴ=눈

14. again 〔어겐 əgén〕 다시

ə→어　g→ㄱ　e→에　n→ㄴ

⇓　　　　⇓
어　　　게

게+ㄴ=겐

15. age 〔에이지 eidʒ〕 나이

e→에　i→이　dʒ→지

※ dʒ가 발음기호 맨 끝에 위치하면 "dʒ→지"발음이 됩니다.

16. ago 〔어고우 əgóu〕 ~전에

ə→어　g→ㄱ　o→오　u→우

⇓　　　　⇓　　　⇓
어　　　고　　　우

17. air 〔에어 ɛər〕 공기

ɛ→에　ər→어

18. airplane 〔에어플레인 ɛərplein〕 비행기

ɛ→에　ər→어　p→프　l→르　e→에　i→이　n→ㄴ

⇓　　⇓　　　　⇓　　　⇓　　　　⇓
에　　어　　프+ⓞ+르=플　레　　　인

※ "l→르"은 앞뒤로 모음이 오는 경우에는 앞 모음에는 받침으로 쓰이고 뒷 모음에서는 첫소리로 쓰입니다.

19. airport 〔에어포~트 ɛərpɔːrt〕 공항

ɛ→에　ər→어　p→프　ɔː→오~　t→트

⇓　　⇓　　　　⇓　　　　⇓
에　　어　　　포~　　　트+ⓞ=트

20. all 〔올 ɔːl〕 모든

ɔː→오~　l→르

⇓
올

13

21. alone 〔얼로운 əlóun〕 혼자서

ə→어   l→르   o→오   u→우   n→ㄴ

⇓   ⇓   ⇓

얼   로   운

※ "l→ㄹ"은 앞뒤로 모음이 오는 경우에는 앞 모음에는 받침으로 쓰이고 뒷 모음에서는 첫소리로 쓰입니다.

22. also 〔올소우 ɔ:lsou〕 또한

ɔ:→오~   l→르   s→ㅅ   o→오   u→우

⇓   ⇓   ⇓

올   소   우

23. always 〔올웨이즈 ɔ:lweiz〕 항상

ɔ:→오~   l→르   w→우   e→에   i→이   z→ㅈ

⇓   ⇓   ⇓   ⇓

올   우+에=웨   이   ㅈ+ㅡ=즈

24. and 〔앤드 ænd〕 그리고

æ→애   n→ㄴ   d→ㄷ

⇓   ⇓

앤   ㄷ+ㅡ=드

25. angel 〔에인절 éindʒəl〕 천사

e→에   i→이   n→ㄴ   dʒ→ㅈ   ə→어   l→르

⇓   ⇓   ⇓

에   인   저

⇓

저+ㄹ=절

26. angry 〔앵그리 ǽŋgri〕 화가난

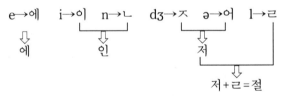

æ→애   ŋ→ㅇ   g→ㄱ   r→르   i→이

⇓   ⇓   ⇓

앵   ㄱ+ㅡ=그   리

27. animal 〔애너멀 ǽnəməl〕 동물

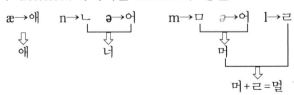

æ→애   n→ㄴ   ə→어   m→ㅁ   ə→어   l→르

⇓   ⇓   ⇓

애   너   머

⇓

머+ㄹ=멀

28. another 〔어너더 ənʌ́ðər〕 또 하나의

ə→어 n→ㄴ ʌ→어 ð→ㄷ ər→어

⇩   ⇩   ⇩
어   너   더

---

29. answer 〔앤서 ǽnsər〕 대답하다

æ→애 n→ㄴ s→ㅅ ər→어

⇩   ⇩
앤   서

---

30. ant 〔앤트 ænt〕 개미

æ→애 n→ㄴ   t→ㅌ

⇩   ⇩
앤   ㅌ+ⓞ=트

---

31. any 〔에니 éni〕 얼마간의

e→에 n→ㄴ i→이

⇩   ⇩
에   니

---

32. apple 〔애플 ǽpl〕 사과

æ→애 p→ㅍ l→르

⇩   ⇩
애   ㅍ+ⓞ+르=플

---

33. arm 〔암 aːrm〕 팔

aːr→아~ m→ㅁ

⇩
암

---

34. around 〔어라운드 əráund〕 주위에

ə→어 r→르 a→아 u→우 n→ㄴ   d→ㄷ

⇩   ⇩   ⇩   ⇩
어   라   운   ㄷ+ⓞ=드

---

35. arrive 〔어라이브 əráiv〕 도착하다

ə→어 r→르 a→아 i→이   v→ㅂ

⇩   ⇩   ⇩   ⇩
어   라   이   ㅂ+ⓞ=브

36. art 〔아~트 aːrt〕예술

aːr→아~   t→트

⇩   ⇩
아~   트+(으)=트

---

37. as 〔애즈 æz〕~와 같이

æ→애   z→ㅈ

⇩   ⇩
애   ㅈ+(으)=즈

---

38. ask 〔애스크 æsk〕묻다

æ→애   s→ㅅ   k→ㅋ

⇩   ⇩   ⇩
애   ㅅ+(으)=스   ㅋ+(으)=크

---

39. at 〔앳 æt〕~에

æ→애   t→트

       ⇩
앹→앧→앳

※ 앹→앧→앳이 된 이유
- 받침으로 쓰일 수 있는 자음의 종류를 정해놓은 것입니다.
  종류 : ①ㄱ ②ㄴ ③ㄹ ④ㅁ ⑤ㅂ ⑥ㅅ ⑦ㅇ

---

40. aunt 〔앤트 ænt〕아주머니

æ→애   n→ㄴ   t→트

   ⇩   ⇩
   앤   트+(으)=트

---

41. avoid 〔어보이드 əvɔid〕피하다

ə→어   v→ㅂ ɔ→오   i→이   d→ㄷ

⇩   ⇩   ⇩   ⇩
어   보   이   ㄷ+(으)=드

---

42. away 〔어웨이 əwéi〕떨어져서

ə→어   w→우 e→에   i→이

⇩   ⇩   ⇩
어   웨   이

B → 52개

1	baby	〔베이비 béibi〕	아기
2	back	〔백 bæk〕	뒤에
3	bad	〔배드 bæd〕	나쁜
4	bag	〔배그 bæg〕	가방
5	ball	〔볼 bɔːl〕	공
6	bank	〔뱅크 bæŋk〕	은행
7	basket	〔배스킷 bǽskit〕	바구니
8	bat	〔뱃 bæt〕	박쥐
9	be	〔비~ biː〕	~이다
10	bean	〔빈 biːn〕	콩
11	bear	〔베어 bɛər〕	1.곰 2.낳다
12	best	〔베스트 best〕	최상의
13	beautiful	〔뷰~터펄 bjúːtəfəl〕	아름다운
14	because	〔비코~즈 bikɔ́ːz〕	왜냐하면 ~이므로
15	become	〔비컴 bikʌ́m〕	~이 되다
16	bed	〔베드 bed〕	침대
17	bee	〔비~ biː〕	꿀벌
18	beef	〔비~프 biːf〕	쇠고기
19	before	〔비포~ bifɔ́ːr〕	앞에
20	begin	〔비긴 bigín〕	시작하다
21	behind	〔비하인드 biháind〕	뒤에
22	bell	〔벨 bell〕	종
23	belt	〔벨트 belt〕	허리띠
24	between	〔비트윈 bitwíːn〕	~의 사이에
25	bicycle	〔바이시클 báisikl〕	자전거
26	big	〔비그 big〕	큰
27	bird	〔버~드 bəːrd〕	새
28	black	〔블랙 blæk〕	검은
29	blanket	〔블랭킷 blǽŋkit〕	담요
30	blue	〔블루~ bluː〕	푸른색
31	boat	〔보우트 bout〕	보트
32	body	〔바디 bádi〕	몸
33	book	〔북 buk〕	책

34	boot	[부~트 buːt]	장화
35	borrow	[바로우 bɑ́rou]	빌리다
36	both	[보우스 bouθ]	양쪽의
37	brother	[브러더 brʌ́ðər]	형제
38	bottle	[바틀 bɑ́tl]	병
39	bowl	[보울 boul]	사발
40	box	[박스 baks]	상자
41	boy	[보이 bɔi]	소년
42	bread	[브레드 bred]	빵
43	break	[브레이크 breik]	부수다
44	breakfast	[브렉퍼스트 brékfəst]	아침식사
45	bring	[브링 briŋ]	가져오다
46	brown	[브라운 braun]	갈색의
47	brush	[브러시 brʌʃ]	솔
48	busy	[비지 bízi]	바쁜
49	but	[벗 bʌt]	그러나
50	butterfly	[버터플라이 bʌ́tərflai]	나비
51	buy	[바이 bai]	사다
52	by	[바이 bai]	~의 곁에

1. baby [베이비 béibi] 아기

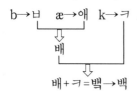

---

2. back [백 bæk] 뒤에

b→ㅂ æ→애 k→ㅋ
      ⇓
      배
      ⇓
배+ㅋ=백→백

※ 백→백이 된 이유

- 받침으로 쓰일 수 있는 자음의 종류를 ①ㄱ ②ㄴ ③ㄹ ④ㅁ ⑤ㅂ ⑥ㅅ ⑦ㅇ 7개로 정해놓은 것입니다.
- "백"은 발음할 때 "백"하고 소리납니다. 백→백으로 씁니다.

3. bad 〔배드 bæd〕 나쁜

b→ㅂ æ→애   d→ㄷ
└─┬─┘   ⇩
  ⇩   ㄷ+ㅇ=드
  배

4. bag 〔배그 bæg〕 가방

b→ㅂ æ→애   g→ㄱ
└─┬─┘   ⇩
  ⇩   ㄱ+ㅇ=그
  배

5. ball 〔볼 bɔːl〕 공

b→ㅂ ɔː→오~ l→ㄹ
└─┬─┘
  ⇩
  보~
       ⇩
  보~+ㄹ=볼

6. bank 〔뱅크 bæŋk〕 은행

b→ㅂ æ→애 ŋ→ㅇ   k→ㅋ
└──┬──┘   ⇩
   ⇩   ㅋ+ㅇ=크
   뱅

7. basket 〔배스킷 bæskit〕 바구니

b→ㅂ æ→애   s→ㅅ   k→ㅋ i→이 t→ㅌ
└─┬─┘   ⇩   └──┬──┘
  ⇩   ㅅ+ㅇ=스   ⇩
  배   킽→킫→킷

8. bat 〔뱃 bæt〕 박쥐

b→ㅂ æ→애 t→ㅌ
└──┬──┘
   ⇩
 뱉→뱉→뱃

9. be 〔비~ biː〕 ~이다

b→ㅂ iː→이~
└─┬─┘
  ⇩
  비~

10. bean 〔빈 biːn〕 콩

b→ㅂ iː→이~ n→ㄴ
      └─┬─┘
       비~
   └────┬────┘
       빈

11. bear 〔베어 bɛər〕 1.곰 2.낳다

b→ㅂ ɛ→에   ər→어
      └─┬─┘   ⇓
       베   어

12. best 〔베스트 best〕 최상의

b→ㅂ e→에   s→ㅅ   t→ㅌ
      └─┬─┘   ⇓   ⇓
       베   ㅅ+으=스   ㅌ+으=트

13. beautiful 〔뷰~터펄 bjúːtəfəl〕 아름다운

b→ㅂ j→이 uː→우~   t→ㅌ ə→어   f→ㅍ ə→어 l→ㄹ
       └──┬──┘   └─┬─┘   └───┬───┘
       이+우~=유~   터   펄
   └─────┬─────┘
   ㅂ+유~=뷰~

14. because 〔비코~즈 bikɔːz〕 왜냐하면 ~이므로

b→ㅂ i→이 k→ㅋ ɔː→오~ z→ㅈ
└─┬─┘   └──┬──┘   ⇓
 비   코~   ㅈ+으=즈

15. become 〔비컴 bikʌm〕 ~이 되다

b→ㅂ i→이 k→ㅋ ʌ→어 m→ㅁ
└─┬─┘   └────┬────┘
 비   컴

16. bed 〔베드 bed〕 침대

b→ㅂ e→에   d→ㄷ
└─┬─┘   ⇓
 베   ㄷ+으=드

17. bee 〔비~ biː〕 꿀벌

b→ㅂ iː→이~
└──┬──┘
  비~

18. beef [비~프 biːf] 쇠고기

b→ㅂ　iː→이 ~　　f→ㅍ
　　비~　　　　　ㅍ+ⓞ=프

---

19. before [비포~ bifɔːr] 앞에

b→ㅂ　i→이　f→ㅍ　ɔː→오 r→오 ~
　　비　　　　　포~

---

20. begin [비긴 bigín] 시작하다

b→ㅂ　i→이　g→ㄱ　i→이　n→ㄴ
　　비　　　　　긴

---

21. behind [비하인드 biháind] 뒤에

b→ㅂ　i→이　h→ㅎ　a→아　i→이　n→ㄴ　　d→ㄷ
　　비　　　　하　　　　인　　　　ㄷ+ⓞ=드

---

22. bell [벨 bel] 종

b→ㅂ　e→에　l→ㄹ
　　벨

---

23. belt [벨트 belt] 허리띠

b→ㅂ　e→에　l→ㄹ　t→ㅌ
　　벨　　　　　ㅌ+ⓞ=트

---

24. between [비트윈 bitwíːn] ~의 사이에

b→ㅂ　i→이　t→ㅌ　　w→우　iː→이 ~　n→ㄴ
　　비　　ㅌ+ⓞ=트　　　위~
　　　　　　　　　　　　　윈

---

25. bicycle [바이시클 báisikl] 자전거

b→ㅂ　a→아　i→이　s→ㅅ　i→이　k→ㅋ　l→ㄹ
　　바　　　이　　　　시　　　ㅋ+ⓞ+ㄹ=클

26. big 〔비그 big〕 큰

b→ㅂ i→이   g→ㄱ
  └─┘   ⇩
   비   ㄱ+ⓒ=그

27. bird 〔버~드 bəːrd〕 새

b→ㅂ əːr→어~   d→ㄷ
  └──┘   ⇩
   버~   ㄷ+ⓒ=드

28. black 〔블랙 blæk〕 검은

b→ㅂ l→르 æ→애 k→ㅋ
  └──┴──┘   └──┘
ㅂ+ⓒ+르=블   래
        래+ㅋ=랙→랙

29. blanket 〔블랭킷 blæŋkit〕 담요

b→ㅂ l→르 æ→애 ŋ→ㅇ   k→ㅋ i→이 t→ㅌ
  └──┴──┘   └──┘   └──┴──┘
ㅂ+ⓒ+르=블   래   킽→킨→킷
        래+ㅇ=랭

30. blue 〔블루~ bluː〕 푸른색

b→ㅂ l→르 uː→우~
  └──┴──┘   ⇩
ㅂ+ⓒ+르=블   루~

31. boat 〔보우트 bout〕 보트

b→ㅂ o→오 u→우   t→ㅌ
  └──┘   ⇩   ⇩
   보   우   ㅌ+ⓒ=트

32. body 〔바디 bádi〕 몸

b→ㅂ a→아   d→ㄷ i→이
  └──┘   └──┘
   바   디

33. book 〔북 buk〕 책

b→ㅂ u→우 k→ㅋ
  └──┴──┘
   북→북

22

34. boot 〔부~트 buːt〕 장화

b→ㅂ　uː→우~　　t→트
┗━┛　　　　　⬇
　⬇　　　　트+ⓒ=트
　부~

35. borrow 〔바로우 bárou〕 빌리다

b→ㅂ　a→아　r→르　o→오　u→우
┗━┛　　┗━┛　　┗━┛
　⬇　　　⬇　　　⬇
　바　　　로　　　우

36. both 〔보우스 bouθ〕 양쪽의

b→ㅂ　o→오　u→우　　θ→ㅅ
┗━┛　　⬇　　　⬇
　⬇　　　우　　ㅅ+ⓒ=스
　보

37. brother 〔브러더 brʌðər〕 형제

　b→ㅂ　　r→르　ʌ→어　ð→ㄷ　ər→어
　⬇　　　┗━┛　　　┗━┛
ㅂ+ⓒ=브　　러　　　　더

38. bottle 〔바틀 bátl〕 병

b→ㅂ　a→아　t→트　l→르
┗━┛　　　┗━┛
　⬇　　　　⬇
　바　　　트+ⓒ+르=틀

39. bowl 〔보울 boul〕 사발

b→ㅂ　o→오　u→우　l→르
┗━┛　　　┗━┛
　⬇　　　　⬇
　보　　　　울

40. box 〔박스 baks〕 상자

b→ㅂ　a→아　k→ㅋ　　s→ㅅ
┗━┛　　┗━┛　　　⬇
　박→박　　　ㅅ+ⓒ=스

41. boy 〔보이 bɔi〕 소년

b→ㅂ　o→오　i→이
┗━┛　　⬇
　⬇　　　이
　보

42. bread 〔브레드 bred〕 빵

　b→ㅂ　　r→르　e→에　d→ㄷ
　⬇　　　┗━┛　　　⬇
ㅂ+ⓒ=브　　레　　　ㄷ+ⓒ=드

23

43. break 〔브레이크 breik〕 부수다

b→ㅂ　r→르 e→에 i→이　k→ㅋ
ㅂ+ㅡ=브　　레　　이　　ㅋ+ㅡ=크

---

44. breakfast 〔브렉퍼스트 brékfəst〕 아침식사

b→ㅂ　r→르 e→에 k→ㅋ　f→ㅍ ə→어　s→ㅅ　t→ㅌ
ㅂ+ㅡ=브　　레　　　퍼　　ㅅ+ㅡ=스　ㅌ+ㅡ=트
　　　　레+ㅋ=렉→렉

---

45. bring 〔브링 briŋ〕 가져오다

b→ㅂ　r→르 i→이 ŋ→ㅇ
ㅂ+ㅡ=브　　링

---

46. brown 〔브라운 braun〕 갈색의

b→ㅂ　r→르 a→아 u→우 n→ㄴ
ㅂ+ㅡ=브　　라　　운

---

47. brush 〔브러시 brʌʃ〕 솔

b→ㅂ　r→르 ʌ→어　ʃ→시
ㅂ+ㅡ=브　　러　　시

---

48. busy 〔비지 bízi〕 바쁜

b→ㅂ i→이 z→ㅈ i→이
　　비　　　지

---

49. but 〔벗 bʌt〕 그러나

b→ㅂ ʌ→어 t→ㅌ
　벝→벋→벗

---

50. butterfly 〔버터플라이 bʌtəɾflai〕 나비

b→ㅂ ʌ→어　t→ㅌ əɾ→어　f→ㅍ l→르 a→아　i→이
　버　　　터　　ㅍ+ㅡ+르=플 라　　이

51. buy 〔바이 bai〕 사다

b→ㅂ a→아 i→이

바 이

52. by 〔바이 bai〕 ~의 곁에

b→ㅂ a→아 i→이

바 이

C → 45개

1	call	〔콜 kɔːl〕	부르다
2	can	〔캔 kæn〕	~할 수 있다
3	candy	〔캔디 kǽndi〕	사탕
4	cap	〔캡 kæp〕	모자
5	car	〔카~ kaːr〕	자동차
6	carry	〔캐리 kǽri〕	나르다
7	care	〔케어 kɛər〕	돌보다
8	cat	〔캣 kæt〕	고양이
9	catch	〔캐치 kætʃ〕	잡다
10	chair	〔체어 tʃɛər〕	의자
11	chalk	〔초~크 tʃɔːk〕	분필
12	change	〔체인지 tʃeindʒ〕	바꾸다
13	cheap	〔치~프 tʃiːp〕	값이 싼
14	check	〔첵 tʃek〕	조사하다
15	chess	〔체스 tʃes〕	장기
16	chest	〔체스트 tʃest〕	가슴
17	chicken	〔치킨 tʃíkin〕	닭
18	child	〔차일드 tʃaild〕	어린아이
19	chin	〔친 tʃin〕	턱
20	church	〔처~치 tʃəːrtʃ〕	교회
21	city	〔시티 síti〕	도시
22	class	〔클래스 klæs〕	(학교의)학급
23	clean	〔클린 kliːn〕	깨끗한
24	clever	〔클레버 klevər〕	영리한
25	clock	〔클락 klak〕	시계
26	close	〔클로우즈 klouz〕	닫다
27	cloud	〔클라우드 klaud〕	구름
28	coin	〔코인 kɔin〕	동전
29	cold	〔코울드 kould〕	추운
30	color	〔컬러 kʌlər〕	색깔
31	comb	〔코움 koum〕	빗
32	come	〔컴 kʌm〕	오다
33	cook	〔쿡 kuk〕	요리하다

34	cool	〔쿨 ku:l〕	시원한
35	copy	〔카피 kɑ́pi〕	복사하다
36	corn	〔콘 kɔ:rn〕	옥수수
37	corner	〔코~너 kɔ́:rnər〕	구석
38	count	〔카운트 kaunt〕	세다
39	country	〔컨트리 kʌ́ntri〕	나라
40	cousin	〔커즌 kʌ́zn〕	사촌
41	cover	〔커버 kʌ́vər〕	덮다
42	cow	〔카우 kau〕	암소
43	cry	〔크라이 krai〕	울다
44	cut	〔컷 kʌt〕	자르다
45	cute	〔큐~트 kju:t〕	귀여운

1. call 〔콜 kɔ:l〕 부르다

k→ㅋ ɔ:→오~ l→르
⇩
콜

2. can 〔캔 kæn〕 ~할 수 있다

k→ㅋ æ→애 n→ㄴ
⇩
캔

3. candy 〔캔디 kǽndi〕 사탕

k→ㅋ æ→애 n→ㄴ　d→ㄷ i→이
⇩　　　　⇩
캔　　　디

4. cap 〔캡 kæp〕 모자

k→ㅋ æ→애 p→ㅍ
⇩
캪→캡

받침으로 쓰이는 "ㅍ"은 "ㅍ"→"ㅂ"으로 적습니다.

5. car 〔카~ ka:r〕 자동차

k→ㅋ a:r→아~
⇩
카~

6. carry 〔캐리 kǽri〕 나르다

k→ㅋ æ→애 r→르 i→이
└─⇓─┘   └─⇓─┘
  캐   리

---

7. care 〔케어 kɛər〕 돌보다

k→ㅋ ɛ→에 ər→어
└─⇓─┘   ⇓
  케   어

---

8. cat 〔캣 kæt〕 고양이

k→ㅋ æ→애 t→트
└────⇓────┘
 캩→캔→캣

---

9. catch 〔캐치 kætʃ〕 잡다

k→ㅋ æ→애 tʃ→치
└─⇓─┘   ⇓
  캐   치

※ 〔tʃ〕가 발음기호 맨 끝에 위치하면 〔tʃ〕→치로 발음됩니다.

---

10. chair 〔체어 tʃɛər〕 의자

tʃ→ㅊ ɛ→에 ər→어
└─⇓─┘   ⇓
  체   어

※ 〔tʃ〕가 모음앞에 위치하면 "ㅊ"이 됩니다.

---

11. chalk 〔초~크 tʃɔːk〕 분필

tʃ→ㅊ ɔː→오~ k→ㅋ
└──⇓──┘   ⇓
  초~   ㅋ+ⓒ=크

---

12. change 〔체인지 tʃeindʒ〕 바꾸다

tʃ→ㅊ e→에 i→이 n→ㄴ dʒ→지
└─⇓─┘   └─⇓─┘   ⇓
  체   인   지

※ 〔dʒ〕는 발음기호 맨 끝에 위치하면 〔dʒ〕→지로 읽습니다.

13. cheap 〔치~프 tʃiːp〕 값이 싼

tʃ→ㅊ iː→이~   p→ㅍ
└──┬──┘   ⇩
치~   ㅍ+ㅇ=프

14. check 〔첵 tʃek〕 조사하다

tʃ→ㅊ e→에 k→ㅋ
└────┬────┘
첵→첵

※ 첵→첵이 된 이유
• 받침으로 쓰일 수 있는 자음의 개수를(①ㄱ ②ㄴ ③ㄹ ④ㅁ ⑤ㅂ ⑥ㅅ ⑦ㅇ) 7개로 정한 것입니다.

15. chess 〔체스 tʃes〕 장기

tʃ→ㅊ e→에   s→ㅅ
└──┬──┘   ⇩
체   ㅅ+ㅇ=스

16. chest 〔체스트 tʃest〕 가슴

tʃ→ㅊ e→에   s→ㅅ   t→ㅌ
└──┬──┘   ⇩   ⇩
체   ㅅ+ㅇ=스   ㅌ+ㅇ=트

17. chicken 〔치킨 tʃíkin〕 닭

tʃ→ㅊ i→이 k→ㅋ i→이 n→ㄴ
└──┬──┘   └────┬────┘
치   킨

18. child 〔차일드 tʃaild〕 어린아이

tʃ→ㅊ a→아   i→이 i→르   d→ㄷ
└──┬──┘   └──┬──┘   ⇩
차   일   ㄷ+ㅇ=드

19. chin 〔친 tʃin〕 턱

tʃ→ㅊ i→이 n→ㄴ
친

20. church 〔처~치 tʃəːrtʃ〕 교회

tʃ→ㅊ əːr→어~ tʃ→치
처~ 치

21. city 〔시티 síti〕 도시

s→ㅅ i→이 t→ㅌ i→이
시 티

22. class 〔클래스 klæs〕 (학교의)학급

k→ㅋ l→ㄹ æ→애 s→ㅅ
ㅋ+ㅇ+ㄹ=클 래 ㅅ+ㅇ=스

※ "l→ㄹ"은 앞뒤로 모음이 오는 경우에는 앞모음에는 받침으로 쓰이고 뒷모음에서는 첫소
리로 쓰입니다.

23. clean 〔클린 kliːn〕 깨끗한

k→ㅋ l→ㄹ iː→이~ n→ㄴ
ㅋ+ㅇ+ㄹ=클 린

24. clever 〔클레버 klévər〕 영리한

k→ㅋ l→ㄹ e→에 v→ㅂ ər→어
ㅋ+ㅇ+ㄹ=클 레 버

25. clock 〔클락 klak〕 시계

k→ㅋ l→ㄹ a→아 k→ㅋ
ㅋ+ㅇ+ㄹ=클 락→락

26. close 〔클로우즈 klouz〕 닫다

k→ㅋ l→ㄹ o→오 u→우 z→ㅈ
ㅋ+ㅇ+ㄹ=클 로 우 ㅈ+ㅇ=즈

27. cloud 〔클라우드 klaud〕 구름

k→ㅋ l→르 a→아 u→우 d→드

ㅋ+ㅇ+르=클 라 우 ㄷ+ㅇ=드

28. coin 〔코인 kɔin〕 동전

k→ㅋ ɔ→오 i→이 n→ㄴ

코 인

29. cold 〔코울드 kould〕 추운

k→ㅋ o→오 u→우 l→르 d→드

코 울 ㄷ+ㅇ=드

30. color 〔컬러 kʌlər〕 색깔

k→ㅋ ʌ→어 l→르 ər→어

컬 러

31. comb 〔코움 koum〕 빗

k→ㅋ o→오 u→우 m→ㅁ

코 움

32. come 〔컴 kʌm〕 오다

k→ㅋ ʌ→어 m→ㅁ

컴

33. cook 〔쿡 kuk〕 요리하다

k→ㅋ u→우 k→ㅋ

쿡→쿡

34. cool 〔쿨 kuːl〕 시원한

k→ㅋ uː→우~ l→르

쿨

35. copy 〔카피 kápi〕 복사하다

k→ㅋ a→아 p→ㅍ i→이

카 피

36. corn 〔콘 kɔːrn〕 옥수수

k→ㅋ ɔːr→오~ n→ㄴ
⇓
콘

---

37. corner 〔코~너 kɔːrnər〕 구석

k→ㅋ ɔːr→오~ n→ㄴ ər→어
⇓ ⇓
코~ 너

---

38. count 〔카운트 kaunt〕 세다

k→ㅋ a→아 u→우 n→ㄴ t→ㅌ
⇓ ⇓ ⇓
카 운 ㅌ+ㅡ=트

---

39. country 〔컨트리 kʌntri〕 나라

k→ㅋ ʌ→어 n→ㄴ t→ㅌ r→르 i→이
⇓ ⇓ ⇓
컨 ㅌ+ㅡ=트 리

---

40. cousin 〔커즌 kʌzn〕 사촌

k→ㅋ ʌ→어 z→ㅈ n→ㄴ
⇓ ⇓
커 ㅈ+ㅡ+ㄴ=즌

---

41. cover 〔커버 kʌvər〕 덮다

k→ㅋ ʌ→어 v→ㅂ ər→어
⇓ ⇓
커 버

---

42. cow 〔카우 kau〕 암소

k→ㅋ a→아 u→우
⇓ ⇓
카 우

---

43. cry 〔크라이 krai〕 울다

k→ㅋ r→르 a→아 i→이
⇓ ⇓ ⇓
ㅋ+ㅡ=크 라 이

44. cut 〔컷 kʌt〕 자르다

k→ㅋ　ʌ→어　t→트

컬→컨→컷

45. cute 〔큐~트 kjuːt〕 귀여운

k→ㅋ　j→이　uː→우~　　t→트

이+우~=유~　　트+ㅇ=트

ㅋ+유~=큐~

D → 32개

1	dad	[대드 dæd]	아빠
2	daddy	[대디 dǽdi]	아빠
3	dance	[댄스 dæns]	춤
4	dark	[다~크 da:rk]	어두운
5	date	[데이트 deit]	날짜
6	daughter	[도~터 dɔ́:tər]	딸
7	day	[데이 dei]	낮
8	dead	[데드 ded]	죽은
9	decide	[디사이드 disáid]	결정하다
10	deep	[디~프 di:p]	깊은
11	deer	[디어 diər]	사슴
12	dentist	[덴티스트 déntist]	치과의사
13	desk	[데스크 desk]	책상
14	diary	[다이어리 dáiəri]	일기
15	die	[다이 dai]	죽다
16	dinner	[디너 dínər]	저녁식사
17	dirty	[더~티 də́:rti]	더러운
18	dish	[디시 diʃ]	접시
19	do	[두~ du:]	~하다
20	doctor	[닥터 dάktər]	의사
21	dog	[도그 dɔg]	개
22	doll	[달 dal]	인형
23	dolphin	[돌핀 dɔ́lfin]	돌고래
24	door	[도~ dɔ:r]	문
25	down	[다운 daun]	아래로
26	draw	[드로~ drɔ:]	끌어당기다
27	dress	[드레스 dres]	드레스. 의복
28	drink	[드링크 driŋk]	마시다
29	drive	[드라이브 draiv]	운전하다
30	drug	[드러그 drʌg]	약
31	dry	[드라이 drai]	마른
32	duck	[덕 dʌk]	오리

1. dad 〔대드 dæd〕 아빠

d→ㄷ æ→애   d→ㄷ
    ⇓   ⇓
    대   ㄷ+ㅇ=드

2. daddy 〔대디 dædi〕 아빠

d→ㄷ æ→애 d→ㄷ i→이
    ⇓   ⇓
    대   디

3. dance 〔댄스 dæns〕 춤

d→ㄷ æ→애 n→ㄴ   s→ㅅ
    ⇓   ⇓
    댄   ㅅ+ㅇ=스

4. dark 〔다~크 da:ᵣk〕 어두운

d→ㄷ a:ᵣ→아~   k→ㅋ
    ⇓   ⇓
    다~   ㅋ+ㅇ=크

5. date 〔데이트 deit〕 날짜

d→ㄷ e→에 i→이   t→ㅌ
    ⇓   ⇓   ⇓
    데   이   ㅌ+ㅇ=트

6. daughter 〔도~터 dɔ:təᵣ〕 딸

d→ㄷ ɔ:→오~ t→ㅌ əᵣ→어
    ⇓   ⇓
    도~   터

7. day 〔데이 dei〕 낮

d→ㄷ e→에 i→이
    ⇓   ⇓
    데   이

8. dead 〔데드 ded〕 죽은

d→ㄷ e→에   d→ㄷ
    ⇓   ⇓
    데   ㄷ+ㅇ=드

9. decide 〔디사이드 disáid〕 결정하다

d→ㄷ i→이 s→ㅅ a→아 i→이   d→ㄷ
    ⇓   ⇓   ⇓   ⇓
    디   사   이   ㄷ+ㅇ=드

10. deep 〔디~프 diːp〕 깊은

d→ㄷ iː→이~   p→ㅍ
└──┬──┘   ⇩
  디~   ㅍ+ㅇ=프

11. deer 〔디어 diər〕 사슴

d→ㄷ i→이 ər→어
└──┬──┘   ⇩
  디   어

12. dentist 〔덴티스트 déntist〕 치과의사

d→ㄷ e→에 n→ㄴ   t→ㅌ i→이   s→ㅅ   t→ㅌ
└────┬────┘   └──┬──┘   ⇩   ⇩
    덴   티   ㅅ+ㅇ=스   ㅌ+ㅇ=트

13. desk 〔데스크 desk〕 책상

d→ㄷ e→에   s→ㅅ   k→ㅋ
└──┬──┘   ⇩   ⇩
  데   ㅅ+ㅇ=스   ㅋ+ㅇ=크

14. diary 〔다이어리 dáiəri〕 일기

d→ㄷ a→아 i→이 ə→어 r→ㄹ i→이
 ⇩   ⇩   ⇩   └──┬──┘
 다   이   어   리

15. die 〔다이 dai〕 죽다

d→ㄷ a→아 i→이
 ⇩   └──┬──┘
 다   이

16. dinner 〔디너 dínər〕 저녁식사

d→ㄷ i→이   n→ㄴ ər→어
└──┬──┘   └──┬──┘
  디   너

17. dirty 〔더~티 də́ːrti〕 더러운

d→ㄷ əːr→어~   t→ㅌ i→이
└──┬──┘   └──┬──┘
  더~   티

18. dish 〔디시 diʃ〕 접시

d→ㄷ　i→이　ʃ→시
　　└──┘　　↓
　　　디　　　시

19. do 〔두~ duː〕 ~하다

d→ㄷ　uː→우~
　　└──┘
　　　두~

20. doctor 〔닥터 dáktər〕 의사

d→ㄷ　a→아　k→ㅋ　t→트　ər→어
　　└─┘　　　　　　└──┘
　　닥→닥　　　　　　터

21. dog 〔도그 dɔg〕 개

d→ㄷ　ɔ→오　g→ㄱ
　　└──┘　　↓
　　　도　　ㄱ+ⓞ=그

22. doll 〔달 dal〕 인형

d→ㄷ　a→아　l→르
　　└──┘
　　　달

23. dolphin 〔돌핀 dɔ́lfin〕 돌고래

d→ㄷ　ɔ→오　l→르　f→ㅍ　i→이　n→ㄴ
　　└──┘　　　└──┘
　　　돌　　　　　핀

24. door 〔도~ dɔːr〕 문

d→ㄷ　ɔːr→오~
　　└──┘
　　　도~

25. down 〔다운 daun〕 아래로

d→ㄷ　a→아　u→우　n→ㄴ
　　└──┘　　└──┘
　　　다　　　　운

37

26. draw [드로~ drɔː] 끌어당기다

d→ㄷ   r→ㄹ   ɔː→오~

ㄷ+ㅇ=드   로~

27. dress [드레스 dres] 드레스. 의복

d→ㄷ   r→ㄹ   e→에   s→ㅅ

ㄷ+ㅇ=드   레   ㅅ+ㅇ=스

28. drink [드링크 driŋk] 마시다

d→ㄷ   r→ㄹ i→이 ŋ→ㅇ   k→ㅋ

ㄷ+ㅇ=드   링   ㅋ+ㅇ=크

29. drive [드라이브 draiv] 운전하다

d→ㄷ   r→ㄹ a→아   i→이   v→ㅂ

ㄷ+ㅇ=드   라   이   ㅂ+ㅇ=브

30. drug [드러그 drʌg] 약

d→ㄷ   r→ㄹ ʌ→어   g→ㄱ

ㄷ+ㅇ=드   러   ㄱ+ㅇ=그

31. dry [드라이 drai] 마른

d→ㄷ   r→ㄹ a→아   i→이

ㄷ+ㅇ=드   라   이

32. duck [덕 dʌk] 오리

d→ㄷ ʌ→어 k→ㅋ

덕→덕

E → 22개

1	each	〔이~치 i:tʃ〕	각각의
2	ear	〔이어 iər〕	귀
3	early	〔얼리 ə́:rli〕	일찍
4	east	〔이~스트 i:st〕	동쪽
5	easy	〔이~지 í:zi〕	쉬운
6	eat	〔이~트 i:t〕	먹다
7	effect	〔이펙트 ifékt〕	결과
8	egg	〔에그 eg〕	달걀
9	either	〔이~더 í:ðər〕	어느 한쪽의
10	elephant	〔엘러펀트 éləfənt〕	코끼리
11	else	〔엘스 els〕	그 밖의
12	end	〔엔드 end〕	끝
13	enjoy	〔엔조이 endʒɔ́i〕	즐기다
14	enter	〔엔터 éntər〕	들어가다
15	error	〔에러 érər〕	실수
16	escape	〔이스케이프 iskéip〕	도망치다
17	even	〔이~번 í:vən〕	더욱
18	evening	〔이~브닝 í:vniŋ〕	저녁
19	event	〔이벤트 ivént〕	사건
20	excuse	〔익스큐~즈 ikskjú:z〕	용서하다
21	expensive	〔익스펜시브 ikspénsiv〕	값이비싼
22	eye	〔아이 ai〕	눈

1. each 〔이~치 i:tʃ〕 각각의
   i:→이~ tʃ→치

2. ear 〔이어 iər〕 귀
   i→이 ər→어

3. early 〔얼리 ə́:rli〕 일찍

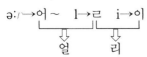

4. east 〔이~스트 i:st〕 동쪽

i:→이~　　s→ㅅ　　t→ㅌ

⇩　　　⇩　　　⇩

이~　　ㅅ+ㅇ=스　ㅌ+ㅇ=트

---

5. easy 〔이~지 í:zi〕 쉬운

i:→이~　z→ㅈ　i→이

⇩　　　⇩

이~　　　지

---

6. eat 〔이~트 i:t〕 먹다

i:→이~　　t→ㅌ

⇩　　　⇩

이~　　ㅌ+ㅇ=트

---

7. effect 〔이펙트 ifékt〕 결과

i→이　f→ㅍ　e→에　k→ㅋ　　t→ㅌ

⇩　　　　⇩　　　　⇩

이　　　펙→펙　　　ㅌ+ㅇ=트

---

8. egg 〔에그 eg〕 달걀

e→에　　g→ㄱ

⇩　　　⇩

에　　ㄱ+ㅇ=그

---

9. either 〔이~더 í:ðər〕 어느 한쪽의

i:→이~　　ð→ㄷ　ər→어

⇩　　　⇩

이~　　　더

---

10. elephant 〔엘러펀트 éləfənt〕 코끼리

e→에　l→ㄹ　ə→어　　f→ㅍ　ə→어　n→ㄴ　　t→ㅌ

⇩　　⇩　　　　⇩　　　　⇩

엘　　러　　　　펀　　　ㅌ+ㅇ=트

---

11. else 〔엘스 els〕 그 밖의

e→에　l→ㄹ　　s→ㅅ

⇩　　　⇩

엘　　ㅅ+ㅇ=스

---

12. end 〔엔드 end〕 끝

e→에　n→ㄴ　　d→ㄷ
　└──┬──┘　　　└→
　　　⇓　　　⇓
　　　엔　　ㄷ+ㅇ=드

13. enjoy 〔엔조이 endʒɔ́i〕 즐기다

e→에　n→ㄴ　dʒ→ㅈ　ɔ→오　i→이
　└──┬──┘　　└──┬──┘　　　⇓
　　　⇓　　　　⇓　　　　이
　　　엔　　　　조

14. enter 〔엔터 éntər〕 들어가다

e→에　n→ㄴ　t→ㅌ　ər→어
　└──┬──┘　　└──┬──┘
　　　⇓　　　　⇓
　　　엔　　　터

15. error 〔에러 érər〕 실수

e→에　r→ㄹ　ər→어
　⇓　　└──┬──┘
　에　　　⇓
　　　　러

16. escape 〔이스케이프 iskéip〕 도망치다

i→이　s→ㅅ　k→ㅋ　e→에　i→이　p→ㅍ
　⇓　　⇓　　└──┬──┘　⇓　　⇓
　이　ㅅ+ㅇ=스　　케　　이　ㅍ+ㅇ=프

17. even 〔이~번 í:vən〕 더욱

i:→이~　　v→ㅂ　ə→어　n→ㄴ
　⇓　　　└──┬──┘──┘
　이~　　　⇓
　　　　　번

18. evening 〔이~브닝 í:vniŋ〕 저녁

i:→이~　　v→ㅂ　n→ㄴ　i→이　ŋ→ㅇ
　⇓　　　⇓　　└──┬──┘──┘
　이~　ㅂ+ㅇ=브　　닝

19. event 〔이벤트 ivént〕 사건

i→이　v→ㅂ　e→에　n→ㄴ　t→ㅌ
　⇓　　└──┬──┘──┘　　⇓
　이　　　벤　　　ㅌ+ㅇ=트

20. excuse 〔익스큐~즈 ikskjúːz〕 용서하다

i→이 k→ㅋ   s→ㅅ   k→ㅋ j→이 uː→우~   z→ㅈ

익→익   ㅅ+ㅇ=스   이+우~=유~   ㅈ+ㅇ=즈

ㅋ+유~=큐~

---

21. expensive 〔익스펜시브 ikspénsiv〕 값이비싼

i→이 k→ㅋ   s→ㅅ   p→ㅍ e→에 n→ㄴ   s→ㅅ i→이   v→ㅂ

익→익   ㅅ+ㅇ=스   펜   시   ㅂ+ㅇ=브

---

22. eye 〔아이 ai〕 눈

a→아 i→이

F → 37개

1	face	[페이스 feis]	얼굴
2	fact	[팩트 fækt]	사실
3	fall	[폴 fɔ:l]	떨어지다
4	false	[폴~스 fɔ:ls]	거짓의
5	family	[패밀리 fǽmili]	가족
6	fancy	[팬시 fǽnsi]	공상하다
7	far	[파~ fa:r]	멀리
8	farm	[팜 fa:rm]	농장
9	fast	[패스트 fæst]	빠른
10	fat	[팻 fæt]	살찐
11	father	[파~더 fá:ðər]	아버지
12	find	[파인드 faind]	발견하다
13	fine	[파인 fain]	훌륭한
14	finger	[핑거 fíŋgər]	손가락
15	finish	[피니시 fíniʃ]	마치다
16	fire	[파이어 faiər]	불
17	fish	[피시 fiʃ]	물고기
18	flag	[플래그 flæg]	깃발
19	floor	[플로~ flɔ:r]	마루
20	flower	[플라워 fláuər]	꽃
21	fly	[플라이 flai]	1. 파리 2. 날다
22	follow	[팔로우 fálou]	따라오다
23	food	[푸~드 fu:d]	음식
24	foot	[풋 fut]	발
25	for	[포~ fɔ:r]	~을 위하여
26	forbid	[퍼비드 fərbíd]	금지하다
27	fox	[팍스 faks]	여우
28	free	[프리~ fri:]	자유로운
29	friend	[프렌드 frend]	친구
30	frog	[프로~그 frɔ:g]	개구리
31	from	[프럼 frʌm]	~에서
32	front	[프런트 frʌnt]	정면

33	fruit	〔프루~트 fruːt〕	과일
34	fry	〔프라이 frai〕	(기름으로) 튀기다
35	full	〔풀 ful〕	가득찬
36	fun	〔펀 fʌn〕	장난. 즐거움
37	future	〔퓨~처 fjuːtʃər〕	미래

1. face 〔페이스 feis〕 얼굴

f→프 e→에 i→이 s→ㅅ

페 이 ㅅ+ㅇ=스

2. fact 〔팩트 fækt〕 사실

f→프 æ→애 k→ㅋ t→ㅌ

팩→팩 ㅌ+ㅇ=트

3. fall 〔폴 fɔːl〕 떨어지다

f→프 ɔː→오~ l→르

폴

4. false 〔폴~스 fɔːls〕 거짓의

f→프 ɔː→오~ l→르 s→ㅅ

폴 ㅅ+ㅇ=스

5. family 〔패밀리 fæmili〕 가족

f→프 æ→애 m→ㅁ i→이 l→르 i→이

패 밀 리

6. fancy 〔팬시 fænsi〕 공상하다

f→프 æ→애 n→ㄴ s→ㅅ i→이

팬 시

7. far 〔파~ faːr〕 멀리

f→프 aːr→아~

파~

8. farm 〔팜 fɑːʳm〕 농장

f→ㅍ ɑːʳ→아~ m→ㅁ
⇩
팜

9. fast 〔패스트 fæst〕 빠른

f→ㅍ æ→애 s→ㅅ t→ㅌ
⇩   ⇩   ⇩
패   ㅅ+ㅇ=스 ㅌ+ㅇ=트

10. fat 〔팻 fæt〕 살찐

f→ㅍ æ→애 t→ㅌ
⇩
퍁→퍁→팻

11. father 〔파~더 fɑ́ːðəʳ〕 아버지

f→ㅍ ɑː→아~ ð→ㄷ əʳ→어
⇩   ⇩
파~   더

12. find 〔파인드 faind〕 발견하다

f→ㅍ a→아 i→이 n→ㄴ d→ㄷ
⇩   ⇩   ⇩
파   인   ㄷ+ㅇ=드

13. fine 〔파인 fain〕 훌륭한

f→ㅍ a→아 i→이 n→ㄴ
⇩   ⇩
파   인

14. finger 〔핑거 fíŋgəʳ〕 손가락

f→ㅍ i→이 ŋ→ㅇ g→ㄱ əʳ→어
⇩   ⇩
핑   거

15. finish 〔피니시 fíniʃ〕 마치다

f→ㅍ i→이 n→ㄴ i→이 ʃ→시
⇩   ⇩   ⇩
피   니   시

16. fire 〔파이어 faiə*r*〕 불

f→ㅍ a→아 i→이 ə*r*→어

파   이   어

---

17. fish 〔피시 fiʃ〕 물고기

f→ㅍ i→이 ʃ→시

피   시

---

18. flag 〔플래그 flæg〕 깃발

f→ㅍ l→르 æ→애   g→ㄱ

ㅍ+◎+르=플 래   ㄱ+◎=그

---

19. floor 〔플로~ flɔːr〕 마루

f→ㅍ l→르 ɔːr→오~

ㅍ+◎+르=플 로~

---

20. flower 〔플라워 fláuə*r*〕 꽃

f→ㅍ l→르 a→아 u→우 ə*r*→어

ㅍ+◎+르=플 라   우+어=워

---

21. fly 〔플라이 flai〕 1. 파리 2. 날다

f→ㅍ l→르 a→아 i→이

ㅍ+◎+르=플 라   이

---

22. follow 〔팔로우 fálou〕 따라오다

f→ㅍ a→아 l→르 o→오 u→우

팔   로   우

---

23. food 〔푸~ 드 fuːd〕 음식

f→ㅍ u→우~   d→ㄷ

푸~   ㄷ+◎=드

46

24. foot 〔풋 fut〕 발

f→ㅍ u→우 t→트
└────┬────┘
⇓
풑→푿→풋

25. for 〔포~ fɔːɾ〕 ~을 위하여

f→ㅍ ɔːɾ→오~
└──┬──┘
⇓
포~

26. forbid 〔퍼비드 fəɾbíd〕 금지하다

f→ㅍ əɾ→어   b→ㅂ i→이   d→ㄷ
└──┬──┘   └──┬──┘   ⇓
⇓   ⇓   ㄷ+ㅇ=드
퍼   비

27. fox 〔팍스 faks〕 여우

f→ㅍ a→아 k→ㅋ   s→ㅅ
└────┬────┘   ⇓
⇓   ㅅ+ㅇ=스
팍→팍

28. free 〔프리~ friː〕 자유로운

f→ㅍ   r→르 iː→이~
⇓   └──┬──┘
ㅍ+ㅇ=프   ⇓
리~

29. friend 〔프렌드 frend〕 친구

f→ㅍ   r→르 e→에 n→ㄴ   d→ㄷ
⇓   └────┬────┘   ⇓
ㅍ+ㅇ=프   렌   ㄷ+ㅇ=드

30. frog 〔프로~그 frɔːg〕 개구리

f→ㅍ   r→르 ɔː→오~   g→ㄱ
⇓   └──┬──┘   ⇓
ㅍ+ㅇ=프   로~   ㄱ+ㅇ=그

31. from 〔프럼 frʌm〕 ~에서

f→ㅍ   r→르 ʌ→어 m→ㅁ
⇓   └────┬────┘
ㅍ+ㅇ=프   럼

32. front 〔프런트 frʌnt〕 정면

f→ㅍ   r→ㄹ ʌ→어 n→ㄴ   t→ㅌ
ㅍ+ⓞ=프   런   ㅌ+ⓞ=트

---

33. fruit 〔프루~트 fruːt〕 과일

f→ㅍ   r→ㄹ uː→우~   t→ㅌ
ㅍ+ⓞ=프   루~   ㅌ+ⓞ=트

---

34. fry 〔프라이 frai〕 (기름으로) 튀기다

f→ㅍ   r→ㄹ a→아   i→이
ㅍ+ⓞ=프   라   이

---

35. full 〔풀 ful〕 가득찬

f→ㅍ u→우 l→ㄹ
풀

---

36. fun 〔펀 fʌn〕 장난. 즐거움

f→ㅍ ʌ→어 n→ㄴ
펀

---

37. future 〔퓨~처 fjúːtʃər〕 미래

f→ㅍ j→이 uː→우~   tʃ→츠 ər→어
유~   처
ㅍ+유~=퓨~

G → 22개

1	garden	〔가~든 gáːrdn〕	정원
2	gas	〔개스 gæs〕	가스
3	gate	〔게이트 geit〕	문
4	gentle	〔젠틀 dʒéntl〕	온화한
5	get	〔겟 get〕	얻다
6	gift	〔기프트 gift〕	선물
7	girl	〔걸 gəːrl〕	소녀
8	give	〔기브 giv〕	주다
9	glad	〔글래드 glæd〕	기쁜
10	glass	〔글래스 glæs〕	유리
11	go	〔고우 gou〕	가다
12	goat	〔고우트 gout〕	염소
13	god	〔가드 gad〕	신
14	gold	〔고울드 gould〕	금
15	good	〔구드 gud〕	좋은
16	grandmother	〔그랜드머더 grǽndmʌðər〕	할머니
17	grandfather	〔그랜드파~더 grǽndfaːðər〕	할아버지
18	grey	〔그레이 grei〕	회색
19	gray	〔그레이 grei〕	회색
20	great	〔그레이트 greit〕	위대한
21	green	〔그린 griːn〕	녹색
22	guest	〔게스트 gest〕	손님

1. garden 〔가~든 gáːrdn〕 정원

g→ㄱ aːr→아~ d→ㄷ n→ㄴ

가~ ㄷ+ⓞ+ㄴ=든

2. gas 〔개스 gæs〕 가스

g→ㄱ æ→애 s→ㅅ

개 ㅅ+ⓞ=스

3. gate 〔게이트 geit〕 문

g→ㄱ e→에 i→이   t→트
└─┬─┘   ⇩   ⇩
  ⇩   이   트+ⓒ=트
  게

4. gentle 〔젠틀 dʒéntl〕 온화한

dʒ→ㅈ e→에 n→ㄴ   t→트 l→르
└──┬──────┘   └──┬──┘
   ⇩   ⇩
   젠   트+ⓒ+르=틀

5. get 〔겟 get〕 얻다

g→ㄱ e→에 t→트
└──┬──────┘
   ⇩
  겥→겔→겟

6. gift 〔기프트 gift〕 선물

g→ㄱ i→이   f→프   t→트
└─┬─┘   ⇩   ⇩
  ⇩   프+ⓒ=프   트+ⓒ=트
  기

7. girl 〔걸 gəːrl〕 소녀

g→ㄱ əːr→어~ l→르
└────┬──────────┘
     ⇩
     걸

8. give 〔기브 giv〕 주다

g→ㄱ i→이   v→브
└─┬─┘   ⇩
  ⇩   브+ⓒ=브
  기

9. glad 〔글래드 glæd〕 기쁜

g→ㄱ l→르 æ→애   d→드
└──┬──┘ └─┬─┘   ⇩
   ⇩   ⇩   드+ⓒ=드
ㄱ+ⓒ+르=글 래

10. glass 〔글래스 glæs〕 유리

g→ㄱ l→르 æ→애   s→스
└──┬──┘ └─┬─┘   ⇩
   ⇩   ⇩   스+ⓒ=스
ㄱ+ⓒ+르=글 래

11. go 〔고우 gou〕 가다

g→ㄱ o→오 u→우
└──┘   ↓
  ⇩   우
  고

12. goat 〔고우트 gout〕 염소

g→ㄱ o→오 u→우   t→ㅌ
└──┘   ↓   ⇩
  ⇩   우   ㅌ+ⓤ=트
  고

13. god 〔가드 gad〕 신

g→ㄱ a→아   d→ㄷ
└──┘   ⇩
  ⇩   ㄷ+ⓤ=드
  가

14. gold 〔고울드 gould〕 금

g→ㄱ o→오 u→우 l→르   d→ㄷ
└──┘   └──┘   ⇩
  ⇩   ⇩   ㄷ+ⓤ=드
  고   울

15. good 〔구드 gud〕 좋은

g→ㄱ u→우   d→ㄷ
└──┘   ⇩
  ⇩   ㄷ+ⓤ=드
  구

16. grandmother 〔그랜드머더 grǽndmʌðəɾ〕 할머니

g→ㄱ   r→르 æ→애 n→ㄴ   d→ㄷ   m→ㅁ ʌ→어 ð→ㄷ əɾ→어
 ⇩   └──────┘   ⇩   └──┘   └──────┘
ㄱ+ⓤ=그   랜   ㄷ+ⓤ=드   머   더

17. grandfather 〔그랜드파~더 grǽndfɑːðəɾ〕 할아버지

g→ㄱ   r→르 æ→애 n→ㄴ   d→ㄷ   f→ㅍ ɑː→아~ ð→ㄷ əɾ→어
 ⇩   └──────┘   ⇩   ⇩   └──────┘
ㄱ+ⓤ=그   랜   ㄷ+ⓤ=드   파~   더

18. grey 〔그레이 grei〕 회색

g→ㄱ   r→르 e→에 i→이
 ⇩   └──┘ ⇩
ㄱ+ⓤ=그   레   이

19. gray 〔그레이 grei〕 회색

g→ㄱ　　r→ㄹ　e→에　i→이

⇩　　　　　　　⇩　　　⇩
ㄱ+⊙=그　　　레　　　이

20. great 〔그레이트 greit〕 위대한

g→ㄱ　　r→ㄹ　e→에　i→이　　t→ㅌ

⇩　　　　　　　⇩　　　⇩　　　⇩
ㄱ+⊙=그　　　레　　　이　　ㅌ+⊙=트

21. green 〔그린 gri:n〕 녹색

g→ㄱ　　r→ㄹ　i:→이~　n→ㄴ

⇩　　　　　　　　⇩
ㄱ+⊙=그　　　　린

22 guest 〔게스트 gest〕 손님

g→ㄱ　e→에　　s→ㅅ　　　t→ㅌ

⇩　　　　　⇩　　　⇩
게　　　ㅅ+⊙=스　ㅌ+⊙=트

H → 31개

1	hair	〔헤어 hɛər〕	머리카락
2	half	〔해프 hæf〕	절반
3	hand	〔핸드 hænd〕	손
4	happen	〔해펀 hǽpən〕	일어나다
5	happy	〔해피 hǽpi〕	행복한
6	hard	〔하~드 haːrd〕	견고한
7	hat	〔햇 hæt〕	모자
8	hate	〔헤이트 heit〕	미워하다
9	have	〔해브 hæv〕	가지고 있다
10	he	〔히~ hiː〕	그는
11	head	〔헤드 hed〕	머리
12	health	〔헬스 helθ〕	건강
13	hear	〔히어 hiər〕	듣다
14	heavy	〔헤비 hévi〕	무거운
15	hello	〔헬로우 helóu〕	여보세요
16	help	〔헬프 help〕	돕다
17	here	〔히어 hiər〕	여기에
18	hi	〔하이 hai〕	안녕
19	high	〔하이 hai〕	높은
20	hobby	〔하비 hάbi〕	취미
21	hold	〔호울드 hould〕	잡다
22	holiday	〔할러데이 hάlədei〕	휴일
23	home	〔호움 houm〕	가정
24	hope	〔호우프 houp〕	희망
25	horse	〔호~스 hɔːrs〕	말
26	hospital	〔하스피틀 hάspitl〕	병원
27	hot	〔핫 hat〕	더운
28	hour	〔아워 auər〕	한시간
29	house	〔하우스 haus〕	집
30	how	〔하우 hau〕	어떻게
31	hungry	〔헝그리 hʌ́ngri〕	배고픈

1. hair 〔헤어 hɛər〕 머리카락

h→ㅎ ɛ→에 ər→어
⇩   ⇩
헤   어

2. half 〔해프 hæf〕 절반

h→ㅎ æ→애   f→ㅍ
⇩   ⇩
해   ㅍ+ㅡ=프

3. hand 〔핸드 hænd〕 손

h→ㅎ æ→애 n→ㄴ   d→ㄷ
⇩   ⇩
해   ㄷ+ㅡ=드

4. happen 〔해펀 hæpən〕 일어나다

h→ㅎ æ→애 p→ㅍ ə→어 n→ㄴ
⇩   ⇩
해   펀

5. happy 〔해피 hæpi〕 행복한

h→ㅎ æ→애 p→ㅍ i→이
⇩   ⇩
해   피

6. hard 〔하~드 haːrd〕 견고한

h→ㅎ aːr→아~   d→ㄷ
⇩   ⇩
하~   ㄷ+ㅡ=드

7. hat 〔햇 hæt〕 모자

h→ㅎ æ→애 t→ㅌ
⇩
햍→핻→햇

8. hate 〔헤이트 heit〕 미워하다

h→ㅎ e→에 i→이   t→ㅌ
⇩   ⇩   ⇩
헤   이   ㅌ+ㅡ=트

54

9. have 〔해브 hæv〕 가지고 있다

h→ㅎ æ→애　　v→ㅂ
　　⇓　　　　　　⇓
　　해　　　　ㅂ+ㅇ=브

10. he 〔히~ hi:〕 그는

h→ㅎ　i:→이 ~
　　⇓
　　히 ~

11. head 〔헤드 hed〕 머리

h→ㅎ e→에　　d→ㄷ
　　⇓　　　　　　⇓
　　헤　　　　ㄷ+ㅇ=드

12. health 〔헬스 helθ〕 건강

h→ㅎ e→에 l→르　　θ→ㅅ
　　　⇓　　　　　　　⇓
　　　헬　　　　　ㅅ+ㅇ=스

13. hear 〔히어 hiər〕 듣다

h→ㅎ i→이　ər→어
　　⇓　　　　⇓
　　히　　　　어

14. heavy 〔헤비 hévi〕 무거운

h→ㅎ e→에　v→ㅂ i→이
　　⇓　　　　　⇓
　　헤　　　　　비

15. hello 〔헬로우 helóu〕 여보세요

h→ㅎ e→에 l→르　o→오　u→우
　　⇓　　　　　⇓　　　⇓
　　헬　　　　　로　　　우

16. help 〔헬프 help〕 돕다

h→ㅎ e→에 l→르　　p→ㅍ
　　⇓　　　　　　⇓
　　헬　　　　ㅍ+ㅇ=프

17. here 〔히어 hiər〕 여기에

h→ㅎ i→이 ər→어

⇩ 히 ⇩ 어

18. hi 〔하이 hai〕 안녕

h→ㅎ a→아 i→이

⇩ 하 ⇩ 이

19. high 〔하이 hai〕 높은

h→ㅎ a→아 i→이

⇩ 하 ⇩ 이

20. hobby 〔하비 hábi〕 취미

h→ㅎ a→아 b→ㅂ i→이

⇩ 하 ⇩ 비

21. hold 〔호울드 hould〕 잡다

h→ㅎ o→오 u→우 l→ㄹ d→ㄷ

⇩ 호 ⇩ 울 ⇩ ㄷ+ⓢ=드

22. holiday 〔할러데이 hálədei〕 휴일

h→ㅎ a→아 l→ㄹ ə→어 d→ㄷ e→에 i→이

⇩ 할 ⇩ 러 ⇩ 데 ⇩ 이

23. home 〔호움 houm〕 가정

h→ㅎ o→오 u→우 m→ㅁ

⇩ 호 ⇩ 움

24. hope 〔호우프 houp〕 희망

h→ㅎ o→오 u→우 p→ㅍ

⇩ 호 ⇩ 우 ⇩ ㅍ+ⓢ=프

25. horse 〔호~스 hɔːɾs〕 말

h→ㅎ ɔːɾ→오~ s→ㅅ
호~ ㅅ+◦=스

26. hospital 〔하스피틀 háspitl〕 병원

h→ㅎ a→아 s→ㅅ p→ㅍ i→이 t→ㅌ l→르
하 ㅅ+◦=스 피 ㅌ+◦+르=틀

27. hot 〔핫 hat〕 더운

h→ㅎ a→아 t→ㅌ
핱→핟→핫

28. hour 〔아워 auəɾ〕 한시간

a→아 u→우 əɾ→어
아 워

29. house 〔하우스 haus〕 집

h→ㅎ a→아 u→우 s→ㅅ
하 우 ㅅ+◦=스

30. how 〔하우 hau〕 어떻게

h→ㅎ a→아 u→우
하 우

31. hungry 〔헝그리 hʌŋgri〕 배고픈

h→ㅎ ʌ→어 ŋ→ㅇ g→ㄱ r→르 i→이
헝 ㄱ+◦=그 리

I → 9개

1	I	〔아이 ai〕	나는
2	ice	〔아이스 ais〕	얼음
3	idea	〔아이디~어 aidí:ə〕	생각
4	if	〔이프 if〕	만일 ~ 이라면
5	ill	〔일 il〕	병든
6	in	〔인 in〕	~안에
7	inside	〔인사이드 insáid〕	안쪽에
8	into	〔인투 íntu〕	~안에
9	it	〔잇 it〕	그것은

1. I 〔아이 ai〕 나는

a→아 i→이

2. ice 〔아이스 ais〕 얼음

a→아 i→이   s→ㅅ
⇩   ⇩   ⇩
아   이   ㅅ+⊙=스

3. idea 〔아이디~어 aidí:ə〕 생각

a→아 i→이 d→ㄷ i:→이~ ə→어
⇩   ⇩   ⇩   ⇩
아   이   디~   어

4. if 〔이프 if〕 만일 ~ 이라면

i→이   f→ㅍ
⇩   ⇩
이   ㅍ+⊙=프

5. ill 〔일 il〕 병든

i→이 l→ㄹ
   ⇩
   일

58

6. in 〔인 in〕 ~안에

i→이　n→ㄴ
└──┬──┘
　　⇩
　　인

---

7. inside 〔인사이드 insáid〕 안쪽에

i→이　n→ㄴ　s→ㅅ　a→아　i→이　　d→ㄷ
└──┬──┘　　└──┬──┘　　⇩　　　⇩
　　⇩　　　　　⇩　　　이　ㄷ+⊙=드
　　인　　　　　사

---

8. into 〔인투 íntu〕 ~안에

i→이　n→ㄴ　t→ㅌ　u→우
└──┬──┘　└──┬──┘
　　⇩　　　　⇩
　　인　　　투

---

9. it 〔잇 it〕 그것은

i→이　t→ㅌ
└──┬──┘
　　⇩
읻→읻→잇

J → 7개

1	jacket	〔재킷 dʒǽkit〕	재킷. 윗도리
2	jam	〔잼 dʒæm〕	혼잡. 붐빔
3	jean	〔진 dʒiːn〕	진바지
4	job	〔자브 dʒab〕	직업
5	join	〔조인 dʒɔin〕	결합하다
6	jump	〔점프 dʒʌmp〕	뛰어오르다
7	just	〔저스트 dʒʌst〕	정확히. 틀림없이

1. jacket 〔재킷 dʒǽkit〕 재킷, 윗도리

dʒ→ㅈ æ→애 k→ㅋ i→이 t→ㅌ

재   킽→킨→킷

2. jam 〔잼 dʒæm〕 혼잡. 붐빔

dʒ→ㅈ æ→애 m→ㅁ

잼

3. jean 〔진 dʒiːn〕 진바지

dʒ→ㅈ iː→이 ~ n→ㄴ

진

4. job 〔자브 dʒab〕 직업

dʒ→ㅈ a→아   b→ㅂ

ㅈ+아=자   ㅂ+ㅡ=브

5. join 〔조인 dʒɔin〕 결합하다

dʒ→ㅈ ɔ→오 i→이 n→ㄴ

조   인

6. jump 〔점프 dʒʌmp〕 뛰어오르다

dʒ→ㅈ ʌ→어 m→ㅁ   p→ㅍ

$\Downarrow$

점   ㅍ+ㅇ=프

---

7. just 〔저스트 dʒʌst〕 정확히. 틀림없이

dʒ→ㅈ ʌ→어   s→ㅅ   t→ㅌ

$\Downarrow$ $\Downarrow$ $\Downarrow$

저   ㅅ+ㅇ=스   ㅌ+ㅇ=트

K → 7개

1	keep	〔키~프 ki:p〕	보유하다
2	kill	〔킬 kil〕	죽이다
3	kind	〔카인드 kaind〕	친절한
4	kitchen	〔키친 kítʃin〕	부엌
5	knee	〔니~ ni:〕	무릎
6	knife	〔나이프 naif〕	칼
7	know	〔노우 nou〕	알다

1. keep 〔키~프 ki:p〕 보유하다

k→ㅋ i→이~   p→ㅍ

키~   ㅍ+ㅇ=프

2. kill 〔킬 kil〕 죽이다

k→ㅋ i→이 l→ㄹ

킬

3. kind 〔카인드 kaind〕 친절한

k→ㅋ a→아 i→이 n→ㄴ   d→ㄷ

카   인   ㄷ+ㅇ=드

4. kitchen 〔키친 kítʃin〕 부엌

k→ㅋ i→이 tʃ→츠 i→이 n→ㄴ

키   친

5. knee 〔니~ ni:〕 무릎

n→ㄴ i:→이~

니~

62

6. knife 〔나이프 naif〕 칼

n→ㄴ a→아 i→이 f→ㅍ

나 이 ㅍ+⊙=프

7. know 〔노우 nou〕 알다

n→ㄴ o→오 u→우

노 우

L → 24개

1	lady	〔레이디 léidi〕	숙녀
2	lamp	〔램프 læmp〕	등불
3	land	〔랜드 lænd〕	육지
4	late	〔레이트 leit〕	늦은
5	laugh	〔래프 læf〕	웃다
6	learn	〔런 lə:rn〕	배우다
7	left	〔레프트 left〕	왼쪽
8	leg	〔레그 leg〕	다리
9	lesson	〔레슨 lésn〕	학과
10	let	〔렛 let〕	～시키다
11	letter	〔레터 létər〕	편지
12	life	〔라이프 laif〕	생명
13	light	〔라이트 lait〕	빛. 가벼운
14	like	〔라이크 laik〕	좋아하다. 닮은
15	listen	〔리슨 lísn〕	듣다
16	little	〔리틀 lítl〕	작은
17	lion	〔라이언 láiən〕	사자
18	live	〔리브 liv〕	살다
19	long	〔롱 lɔ:ŋ〕	길다
20	look	〔룩 luk〕	보다
21	loud	〔라우드 laud〕	큰소리의
22	love	〔러브 lʌv〕	사랑
23	low	〔로우 lou〕	낮은
24	lunch	〔런치 lʌntʃ〕	점심

1. lady 〔레이디 léidi〕 숙녀

l→르 e→에 i→이 d→드 i→이
　　↓　　　　↓　　　　↓
　　레　　　이　　　　디

2. lamp 〔램프 læmp〕 등불

l→르 æ→애 m→ㅁ   p→ㅍ

램   ㅍ+ㅇ=프

---

3. land 〔랜드 lænd〕 육지

l→르 æ→애 n→ㄴ   d→ㄷ

랜   ㄷ+ㅇ=드

---

4. late 〔레이트 leit〕 늦은

l→르 e→에 i→이   t→ㅌ

레   이   ㅌ+ㅇ=트

---

5. laugh 〔래프 læf〕 웃다

l→르 æ→애   f→ㅍ

래   ㅍ+ㅇ=프

---

6. learn 〔런 lə:ɾn〕 배우다

l→르 ə:ɾ→어 ~ n→ㄴ

런

---

7. left 〔레프트 left〕 왼쪽

l→르 e→에   f→ㅍ   t→ㅌ

레   ㅍ+ㅇ=프 ㅌ+ㅇ=트

---

8. leg 〔레그 leg〕 다리

l→르 e→에   g→ㄱ

레   ㄱ+ㅇ=그

---

9. lesson 〔레슨 lésn〕 학과

l→르 e→에 s→ㅅ n→ㄴ

레   ㅅ+ㅇ+ㄴ=슨

---

10. let 〔렛 let〕 ~시키다

l→르 e→에 t→트
레ㄹ→렌→렛

11. letter 〔레터 létər〕 편지

l→르 e→에 t→트 ər→어
레 터

12. life 〔라이프 laif〕 생명

l→르 a→아 i→이 f→ㅍ
라 이 ㅍ+ㅇ=프

13. light 〔라이트 lait〕 빛. 가벼운

l→르 a→아 i→이 t→트
라 이 트+ㅇ=트

14. like 〔라이크 laik〕 좋아하다. 닮은

l→르 a→아 i→이 k→ㅋ
라 이 ㅋ+ㅇ=크

15. listen 〔리슨 lísn〕 듣다

l→르 i→이 s→ㅅ n→ㄴ
리 ㅅ+ㅇ+ㄴ=슨

16. little 〔리틀 lítl〕 작은

l→르 i→이 t→트 l→르
리 트+ㅇ+르=틀

17. lion 〔라이언 láiən〕 사자

l→르 a→아 i→이 ə→어 n→ㄴ
라 이 언

66

18. live 〔리브 liv〕 살다

l→르 i→이   v→브
리   ㅂ+⊙=브

19. long 〔롱 lɔːŋ〕 길다

l→르 ɔː→오~ ŋ→ㅇ
롱

20. look 〔룩 luk〕 보다

l→르 u→우 k→ㅋ
룩→룩

21. loud 〔라우드 laud〕 큰소리의

l→르 a→아 u→우   d→ㄷ
라   우   ㄷ+⊙=드

22. love 〔러브 lʌv〕 사랑

l→르 ʌ→어   v→브
러   ㅂ+⊙=브

23. low 〔로우 lou〕 낮은

l→르 o→오 u→우
로   우

24 lunch 〔런치 lʌntʃ〕 점심

l→르 ʌ→어 n→ㄴ tʃ→치
런   치

M → 26개

1	main	〔메인 mein〕	주요한
2	make	〔메이크 meik〕	만들다
3	man	〔맨 mæn〕	남자
4	many	〔메니 méni〕	많은
5	map	〔맵 mæp〕	지도
6	market	〔마~킷 má:/kit〕	시장
7	may	〔메이 mei〕	~일지도 모른다
8	maybe	〔메이비 méibi〕	아마
9	meat	〔미~트 mi:t〕	고기
10	milk	〔밀크 milk〕	우유
11	minute	〔미닛 mínit〕	(시계의) 분
12	mirror	〔미러 mírər〕	거울
13	miss	〔미스 mis〕	놓치다
14	mom	〔맘 mam〕	엄마
15	money	〔머니 mʌ́ni〕	돈
16	monkey	〔멍키 mʌ́ŋki〕	원숭이
17	month	〔먼스 mʌnθ〕	한달
18	morning	〔모~닝 mɔ́:/niŋ〕	아침
19	mother	〔머더 mʌ́ðər〕	어머니
20	mouse	〔마우스 maus〕	쥐
21	mouth	〔마우스 mauθ〕	입
22	move	〔무~브 mu:v〕	움직이다
23	movie	〔무~비 mú:vi〕	영화
24	much	〔머치 mʌtʃ〕	많은
25	music	〔뮤~직 mjú:zik〕	음악
26	must	〔머스트 mʌst〕	~임에 틀림없다. ~해야한다

1. main 〔메인 mein〕 주요한

```
m→ㅁ  e→에   i→이  n→ㄴ
   └──┬──┘    └──┬──┘
     ⇩          ⇩
     메          인
```

2. make 〔메이크 meik〕 만들다

m→ㅁ　e→에　i→이　k→ㅋ
　　메　　　이　　　ㅋ+ⓞ=크

---

3. man 〔맨 mæn〕 남자

m→ㅁ　æ→애　n→ㄴ
　　　　맨

---

4. many 〔메니 méni〕 많은

m→ㅁ　e→에　n→ㄴ　i→이
　　메　　　　　니

---

5. map 〔맵 mæp〕 지도

m→ㅁ　æ→애　p→ㅍ
　　　맾→맵

---

6. market 〔마~킷 máːⁱkit〕 시장

m→ㅁ　aːⁱ→아~　k→ㅋ　i→이　t→ㅌ
　　마~　　　　킽→킫→킷

---

7. may 〔메이 mei〕 ~일지도 모른다

m→ㅁ　e→에　i→이
　　메　　　이

---

8. maybe 〔메이비 méibi〕 아마

m→ㅁ　e→에　i→이　b→ㅂ　i→이
　　메　　　이　　　비

---

9. meat 〔미~트 miːt〕 고기

m→ㅁ　iː→이~　t→ㅌ
　　미~　　　ㅌ+ⓞ=트

---

10. milk 〔밀크 milk〕 우유

m→ㅁ　i→이　l→ㄹ　k→ㅋ
　　　밀　　　ㅋ+ⓞ=크

11. minute 〔미닛 mínit〕 (시계의) 분

m→ㅁ i→이   n→ㄴ i→이 t→ㅌ
    ⇩   ⇩
    미   닡→닏→닛

12. mirror 〔미러 mírər〕 거울

m→ㅁ i→이   r→르 ər→어
    ⇩   ⇩
    미   러

13. miss 〔미스 mis〕 놓치다

m→ㅁ i→이   s→ㅅ
    ⇩   ⇩
    미   ㅅ+ㅡ=스

14. mom 〔맘 mam〕 엄마

m→ㅁ a→아 m→ㅁ
        ⇩
        맘

15. money 〔머니 mʌni〕 돈

m→ㅁ ʌ→어   n→ㄴ i→이
    ⇩   ⇩
    머   니

16. monkey 〔멍키 mʌŋki〕 원숭이

m→ㅁ ʌ→어 ŋ→ㅇ   k→ㅋ i→이
        ⇩   ⇩
        멍   키

17. month 〔먼스 mʌnθ〕 한달

m→ㅁ ʌ→어 n→ㄴ   θ→ㅅ
        ⇩   ⇩
        먼   ㅅ+ㅡ=스

18. morning 〔모~닝 mɔːrniŋ〕 아침

m→ㅁ ɔːr→오~   n→ㄴ i→이 ŋ→ㅇ
    ⇩   ⇩
    모~   닝

19. mother 〔머더 mʌðər〕 어머니

m→ㅁ　ʌ→어　　ð→ㄷ　ər→어
　　⇓　　　　　　　⇓
　　머　　　　　　　더

20. mouse 〔마우스 maus〕 쥐

m→ㅁ　a→아　u→우　　s→ㅅ
　　⇓　　　⇓　　　　⇓
　　마　　　우　　　ㅅ+ㅇ=스

21. mouth 〔마우스 mauθ〕 입

m→ㅁ　a→아　u→우　　θ→ㅅ
　　⇓　　　⇓　　　　⇓
　　마　　　우　　　ㅅ+ㅇ=스

22. move 〔무~브 muːv〕 움직이다

m→ㅁ　uː→우~　　v→ㅂ
　　⇓　　　　　　⇓
　　무~　　　　ㅂ+ㅇ=브

23. movie 〔무~비 múːvi〕 영화

m→ㅁ　uː→우~　　v→ㅂ　i→이
　　⇓　　　　　　⇓
　　무~　　　　　비

24. much 〔머치 mʌtʃ〕 많은

m→ㅁ　ʌ→어　　tʃ→치
　　⇓　　　　　⇓
　　머　　　　　치

※ "tʃ"가 발음기호 맨 끝에 위치하면 "tʃ→치"가 됩니다.

25. music 〔뮤~직 mjúːzik〕 음악

m→ㅁ　j→이　uː→우~　　z→ㅈ　i→이　k→ㅋ
　　　　　⇓　　　　　　　　　⇓
　　　이+우~=유~　　　　　직→직
　　　　　⇓
　　ㅁ+유~=뮤~

26. must 〔머스트 mʌst〕 ~임에 틀림없다. ~해야한다

m→ㅁ　ʌ→어　　s→ㅅ　　t→ㅌ
　　⇓　　　　　⇓　　　　⇓
　　머　　　ㅅ+ㅇ=스　ㅌ+ㅇ=트

N → 17개

1	name	〔네임 neim〕	이름
2	near	〔니어 niər〕	가까이
3	neck	〔넥 nek〕	목
4	need	〔니~드 ni:d〕	필요
5	nephew	〔네퓨~ néfju:〕	조카
6	never	〔네버 névər〕	결코~않다
7	new	〔뉴~ nju:〕	새로운
8	nice	〔나이스 nais〕	좋은
9	night	〔나이트 nait〕	밤
10	no	〔노우 nou〕	아니오
11	noon	〔눈 nu:n〕	한낮
12	north	〔노~스 nɔ:rθ〕	북쪽
13	nose	〔노우즈 nouz〕	코
14	not	〔낫 nat〕	~이 아니다
15	now	〔나우 nau〕	지금
16	number	〔넘버 nʌmbər〕	숫자
17	nurse	〔너~스 nə:rs〕	간호사

1. name 〔네임 neim〕 이름

n→ㄴ e→에 i→이 m→ㅁ
　　　└───┘　└───┘
　　　　⇩　　　　⇩
　　　　네　　　　임

2. near 〔니어 niər〕 가까이

n→ㄴ i→이 ər→어
　　└──┘　　⇩
　　　⇩　　　어
　　　니

3. neck 〔넥 nek〕 목

n→ㄴ e→에 k→ㅋ
　　└───┴──┘
　　　⇩
　　넥→넥

4. need 〔니~드 niːd〕 필요

n→ㄴ iː→이~   d→ㄷ
　└─┬─┘   　⇓
　 니~   ㄷ+ⓞ=드

---

5. nephew 〔네퓨~ néfjuː〕 조카

n→ㄴ e→에   f→ㅍ   j→이   uː→우~
└─┬─┘   　└─┬─┘
　⇓   이+우~=유~
　네   ⇓
　 ㅍ+유~=퓨~

---

6. never 〔네버 névər〕 결코~않다

n→ㄴ e→에   v→ㅂ ər→어
└─┬─┘   └─┬─┘
　⇓   　⇓
　네   　버

---

7. new 〔뉴~ njuː〕 새로운

n→ㄴ   j→이   uː→우~
└─────┐ └─┬─┘
     이+우~=유~
      　⇓
      뉴~

---

8. nice 〔나이스 nais〕 좋은

n→ㄴ a→아   i→이   s→ㅅ
└─┬─┘   　⇓   ⇓
　⇓   　이   ㅅ+ⓞ=스
　나

---

9. night 〔나이트 nait〕 밤

n→ㄴ a→아   i→이   t→ㅌ
└─┬─┘   　⇓   ⇓
　⇓   　이   ㅌ+ⓞ=트
　나

---

10. no 〔노우 nou〕 아니오

n→ㄴ o→오   u→우
└─┬─┘   　⇓
　⇓   　우
　노

---

11. noon 〔눈 nuːn〕 한낮

n→ㄴ   uː→우~   n→ㄴ
└─────┬─────┘
　 ⇓
　 눈

12. north 〔노~스 nɔːrθ〕 북쪽

n→ㄴ ɔːr→오~   θ→ㅅ
└──┬──┘   ⇩
   ⇩   ㅅ+ㅇ=스
  노~

13. nose 〔노우즈 nouz〕 코

n→ㄴ o→오 u→우   z→ㅈ
└─┬─┘   ⇩   ⇩
  ⇩   우   ㅈ+ㅇ=즈
  노

14. not 〔낫 nat〕 ~이 아니다

n→ㄴ a→아 t→ㅌ
└──┬──┘
   ⇩
  낟→낟→낫

15. now 〔나우 nau〕 지금

n→ㄴ a→아 u→우
└─┬─┘   ⇩
  ⇩   우
  나

16. number 〔넘버 nʌmbər〕 숫자

n→ㄴ ʌ→어 m→ㅁ   b→ㅂ ər→어
└────┬────┘   └───┬───┘
     ⇩   ⇩
     넘   버

17. nurse 〔너~스 nəːrs〕 간호사

n→ㄴ əːr→어~   s→ㅅ
└──┬──┘   ⇩
   ⇩   ㅅ+ㅇ=스
  너~

O → 14개

1	of	[어브 ʌv]	~의
2	off	[오~프 ɔ:f]	떨어져. 끊겨
3	office	[오~피스 ɔ:fis]	사무실
4	often	[오~폰 ɔ:fn]	종종
5	oh	[오우 ou]	아!
6	old	[오울드 ould]	옛날의
7	on	[온 ɔn]	~위에
8	once	[원스 wʌns]	한번
9	only	[오운리 óunli]	유일한
10	open	[오우픈 óup(ə)n]	열다
11	or	[오~ ɔ:r]	혹은
12	out	[아우트 aut]	밖으로
13	outside	[아우트사이드 autsáid]	바깥쪽
14	over	[오우버 óuvər]	~위에

1. of [어브 ʌv] ~의

ʌ→어   v→ㅂ
⇓   ⇓
어   ㅂ+ㅇ=브

2. off [오~프 ɔ:f] 떨어져. 끊겨

ɔ:→오~   f→ㅍ
⇓   ⇓
오~   ㅍ+ㅇ=프

3. office [오~피스 ɔ:fis] 사무실

ɔ:→오~   f→ㅍ i→이   s→ㅅ
⇓   ⇓   ⇓
오~   피   ㅅ+ㅇ=스

4. often [오~폰 ɔ:fn] 종종

ɔ:→오~   f→ㅍ n→ㄴ
⇓   ⇓
오~   ㅍ+ㅇ+ㄴ=픈

5. oh 〔오우 ou〕 아!

o→오　u→우

---

6. old 〔오울드 ould〕 옛날의

o→오　u→우　l→르　d→드

⇩　　⇩　　　⇩

오　　울　　ㄷ+ㅇ=드

---

7. on 〔온 ɔn〕 ~위에

ɔ→오　n→ㄴ

⇩

온

---

8. once 〔원스 wʌns〕 한번

w→우　ʌ→어　n→ㄴ　　s→ㅅ

⇩　　　　　　　　⇩

위　　　　　　ㅅ+ㅇ=스

⇩

위+ㄴ=원

---

9. only 〔오운리 óunli〕 유일한

o→오　u→우　n→ㄴ　l→르　i→이

⇩　　　⇩　　　　⇩

오　　　운　　　　리

---

10. open 〔오우픈 óup(ə)n〕 열다

o→오　u→우　p→프　(ə)→생략　n→ㄴ

⇩　　　⇩　　　　⇩

오　　　우　　프+ㅇ+ㄴ=픈

※ (ə)는 생략합니다.
- ( )표시는 생략을 해도 된다는 뜻입니다.
- 여기에서 "ə"발음이 너무 약하게 나서 빨리 발음할 때는 거의 들리지가 않아서 "ə"를 생각하고 모음 "으"를 첨가합니다.

---

11. or 〔오~ ɔːr〕 혹은

ɔːr→오~

---

12. out 〔아우트 aut〕 밖으로

a→아　u→우　t→트

⇩　　　⇩　　　⇩

아　　　우　　ㅌ+ㅇ=트

13. outside 〔아우트사이드 autsáid〕 바깥쪽

a→아	u→우	t→ㅌ	s→ㅅ a→아	i→이	d→ㄷ
⇩	⇩	⇩	⇩	⇩	⇩
아	우	ㅌ+ⓞ=트	사	이	ㄷ+ⓞ=드

14. over 〔오우버 óuvər〕 ~위에

o→오	u→우	v→ㅂ ər→어
⇩	⇩	⇩
오	우	버

P → 28개

1	page	〔페이지 peidʒ〕	페이지. 면
2	paint	〔페인트 peint〕	그리다
3	paper	〔페이퍼 péipər〕	종이
4	parent	〔페어런트 péərent〕	부모님
5	park	〔파~크 pa:rk〕	공원
6	pass	〔패스 pæs〕	통과하다
7	pay	〔페이 pei〕	지불하다
8	pear	〔페어 pɛər〕	배
9	pencil	〔펜슬 pénsl〕	연필
10	people	〔피~플 pí:pl〕	사람들
11	pepper	〔페퍼 pépər〕	후추
12	person	〔퍼~슨 pə́:rsn〕	사람
13	pig	〔피그 pig〕	돼지
14	play	〔플레이 plei〕	놀다
15	please	〔플리~즈 pli:z〕	미안하지만. 기쁘게하다
16	pocket	〔포킷 pɔ́kit〕	호주머니
17	point	〔포인트 pɔint〕	요점
18	police	〔펄리~스 pəlí:s〕	경찰
19	poor	〔푸어 puər〕	가난한
20	post	〔포우스트 poust〕	우편
21	potato	〔퍼테이토우 pətéitou〕	감자
22	pretty	〔프리티 príti〕	귀여운
23	problem	〔프라블럼 prɑ́bləm〕	문제
24	pull	〔풀 pul〕	잡아당기다
25	puppy	〔퍼피 pʌ́pi〕	강아지
26	purple	〔퍼플 pə́:rpl〕	자줏빛의
27	push	〔푸시 puʃ〕	밀다
28	put	〔풋 put〕	놓다

1. page 〔페이지 peidʒ〕 페이지. 면

p→ㅍ e→에 i→이 dʒ→지

페 이 지

2. paint 〔페인트 peint〕 그리다

p→ㅍ e→에 i→이 n→ㄴ t→ㅌ

페 인 ㅌ+ㅇ=트

3. paper 〔페이퍼 péipər〕 종이

p→ㅍ e→에 i→이 p→ㅍ ər→어

페 이 퍼

4. parent 〔페어런트 péərent〕 부모님

p→ㅍ ɛ→에 ə→어 r→ㄹ ə→어 n→ㄴ t→ㅌ

페 어 런 ㅌ+ㅇ=트

5. park 〔파~크 paːrk〕 공원

p→ㅍ aːr→아~ t→ㅋ

파~ ㅋ+ㅇ=크

6. pass 〔패스 pæs〕 통과하다

p→ㅍ æ→애 s→ㅅ

패 ㅅ+ㅇ=스

7. pay 〔페이 pei〕 지불하다

p→ㅍ e→에 i→이

페 이

8. pear 〔페어 pɛər〕 배

p→ㅍ ɛ→에 ər→어

페 어

9. pencil 〔펜슬 pénsl〕 연필

p→ㅍ e→에 n→ㄴ   s→ㅅ l→르
        펜   ㅅ+ㅇ+르=슬

10. people 〔피~플 píːpl〕 사람들

p→ㅍ iː→이~ p→ㅍ l→르
        피~   ㅍ+ㅇ+르=플

11. pepper 〔페퍼 pépər〕 후추

p→ㅍ e→에   p→ㅍ ər→어
        페   퍼

12. person 〔퍼~슨 pə́ːrsn〕 사람

p→ㅍ əːr→어~   s→ㅅ n→ㄴ
        퍼~   ㅅ+ㅇ+ㄴ=슨

13. pig 〔피그 pig〕 돼지

p→ㅍ i→이   g→ㄱ
        피   ㄱ+ㅇ=그

14. play 〔플레이 plei〕 놀다

p→ㅍ l→르 e→에 i→이
ㅍ+ㅇ+르=플 레   이

15. please 〔플리~즈 pliːz〕 미안하지만. 기쁘게하다

p→ㅍ l→르 iː→이~   z→ㅈ
ㅍ+ㅇ+르=플 리~   ㅈ+ㅇ=즈

16. pocket 〔포킷 pɔkit〕 호주머니

p→ㅍ ɔ→오 k→ㅋ i→이 t→ㅌ
        포   킽→킫→킷

17. point 〔포인트 pɔint〕 요점

p→ㅍ ɔ→오 i→이 n→ㄴ t→ㅌ

포 인 ㅌ+ㅇ=트

18. police 〔펄리~스 pəlíːs〕 경찰

p→ㅍ ə→어 l→ㄹ iː→이~ s→ㅅ

펄 리~ ㅅ+ㅇ=스

19. poor 〔푸어 puər〕 가난한

p→ㅍ u→우 ər→어

푸 어

20. post 〔포우스트 poust〕 우편

p→ㅍ o→오 u→우 s→ㅅ t→ㅌ

포 우 ㅅ+ㅇ=스 ㅌ+ㅇ=트

21. potato 〔퍼테이토우 pətéitou〕 감자

p→ㅍ ə→어 t→ㅌ e→에 i→이 t→ㅌ o→오 u→우

퍼 테 이 토 우

22. pretty 〔프리티 príti〕 귀여운

p→ㅍ r→ㄹ i→이 t→ㅌ i→이

ㅍ+ㅇ=프 리 티

23. problem 〔프라블럼 prábləm〕 문제

p→ㅍ r→ㄹ a→아 b→ㅂ l→ㄹ ə→어 m→ㅁ

ㅍ+ㅇ=프 라 ㅂ+ㅇ+ㄹ=블 럼

24. pull 〔풀 pul〕 잡아당기다

p→ㅍ u→우 l→ㄹ

풀

25. puppy 〔퍼피 pʌpi〕 강아지

p→ㅍ ʌ→어   p→ㅍ i→이
└──┬──┘   └──┬──┘
   ⇩   ⇩
   퍼   피

26. purple 〔퍼플 pə́ːrpl〕 자줏빛의

p→ㅍ əːr→어~   p→ㅍ l→르
└──┬──┘   └──┬──┘
   ⇩   ⇩
   퍼~   ㅍ+ㅇ+르 =플

27. push 〔푸시 puʃ〕 밀다

p→ㅍ u→우   ʃ→시
└──┬──┘   ⇩
   ⇩   시
   푸

28. put 〔풋 put〕 놓다

p→ㅍ u→우 t→트
└──┬──────┘
   ⇩
   푿→푿→풋

 → 4개

1	queen	〔퀸 kwiːn〕	여왕
2	question	〔퀘스천 kwéstʃən〕	질문
3	quick	〔퀵 kwik〕	빠른
4	quite	〔콰이트 kwáit〕	완전히, 아주

1. queen 〔퀸 kwiːn〕 여왕

k→ㅋ　w→우　iː→이～　n→ㄴ

우+이～=위～

ㅋ+위～=퀴～

퀴～+ ㄴ=퀸

2. question 〔퀘스천 kwéstʃən〕 질문

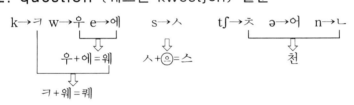

3. quick 〔퀵 kwik〕 빠른

k→ㅋ　w→우　i→이　k→ㅋ

우+이=위

ㅋ+위=퀴

퀴+ㅋ=퀵→퀵

4. quite 〔콰이트 kwáit〕 완전히, 아주

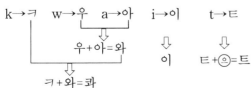

R → 15개

1	rabbit	〔래빗 ræbit〕	토끼
2	rain	〔레인 rein〕	비
3	read	〔리~드 riːd〕	독서하다
4	red	〔레드 red〕	빨간
5	rest	〔레스트 rest〕	휴식
6	rice	〔라이스 rais〕	쌀
7	rich	〔리치 ritʃ〕	부자의
8	ride	〔라이드 raid〕	타다
9	ring	〔링 riŋ〕	고리
10	right	〔라이트 rait〕	옳은
11	river	〔리버 rívər〕	강
12	road	〔로우드 roud〕	길
13	room	〔룸 rum〕	방
14	round	〔라운드 raund〕	둥근
15	run	〔런 rʌn〕	달리다

1. rabbit 〔래빗 ræbit〕 토끼

r→르 æ→애　b→ㅂ i→이 t→트
　└───┘　　└────┘
　　래　　　 빝→빈→빗

2. rain 〔레인 rein〕 비

r→르 e→에　i→이 n→ㄴ
　└──┘　　└──┘
　　레　　　 인

3. read 〔리~드 riːd〕 독서하다

r→르 iː→이~　d→ㄷ
　└───┘　　 ⇩
　　리~　　ㄷ+ㅡ=드

4. red 〔레드 red〕 빨간

r→르 e→에　d→ㄷ
　└──┘　　 ⇩
　　레　　ㄷ+ㅡ=드

5. rest 〔레스트 rest〕 휴식

r→르 e→에 　 s→ㅅ 　 　 t→ㅌ
　　　⇩　　　　　⇩　　　　　⇩
　　　레　　　ㅅ+ⓐ=스　　ㅌ+ⓐ=트

---

6. rice 〔라이스 rais〕 쌀

r→르 a→아 i→이 　 s→ㅅ
　　　⇩　　 ⇩　　　 ⇩
　　　라　 이　　 ㅅ+ⓐ=스

---

7. rich 〔리치 ritʃ〕 부자의

r→르 i→이 tʃ→치
　　　⇩　　 ⇩
　　　리　　 치

---

8. ride 〔라이드 raid〕 타다

r→르 a→아 i→이 　 d→ㄷ
　　　⇩　　 ⇩　　　 ⇩
　　　라　 이　　 ㄷ+ⓐ=드

---

9. ring 〔링 riŋ〕 고리

r→르 i→이 ŋ→ㅇ
　　　⇩
　　　링

---

10. right 〔라이트 rait〕 옳은

r→르 a→아 i→이 　 t→ㅌ
　　　⇩　　 ⇩　　　 ⇩
　　　라　 이　　 ㅌ+ⓐ=트

---

11. river 〔리버 rívər〕 강

r→르 i→이 v→ㅂ ər→어
　　　⇩　　　　 ⇩
　　　리　　　　 버

---

12. road 〔로우드 roud〕 길

r→르 o→오 u→우 　 d→ㄷ
　　　⇩　　 ⇩　　　 ⇩
　　　로　 우　　 ㄷ+ⓐ=드

13. room 〔룸 rum〕 방

r→르 u→우 m→ㅁ

⟱

룸

14. round 〔라운드 raund〕 둥근

r→르 a→아 u→우 n→ㄴ   d→ㄷ

⟱   ⟱   ⟱

라   운   ㄷ+ㅇ=드

15. run 〔런 rʌn〕 달리다

r→르 ʌ→어 n→ㄴ

⟱

런

S → 62개

1	sad	〔새드 sæd〕	슬픈
2	same	〔세임 seim〕	같은
3	say	〔세이 sei〕	말하다
4	school	〔스쿨 skuːl〕	학교
5	sea	〔시~ siː〕	바다
6	season	〔시~즌 síːzn〕	계절
7	seat	〔시~트 siːt〕	좌석
8	see	〔시~ siː〕	보다
9	sell	〔셀 sel〕	팔다
10	send	〔센드 send〕	보내다
11	set	〔셋 set〕	놓다
12	shall	〔섈 ʃæl〕	~일 것이다
13	she	〔시~ ʃiː〕	그녀
14	ship	〔십 ʃip〕	배
15	shop	〔샵 ʃap〕	가게
16	short	〔쇼~트 ʃɔːʳt〕	짧은
17	shoulder	〔쇼울더 ʃóuldəʳ〕	어깨
18	shout	〔샤우트 ʃaut〕	외치다
19	show	〔쇼우 ʃou〕	보이다
20	sick	〔식 sik〕	아픈
21	side	〔사이드 said〕	측면
22	sing	〔싱 siŋ〕	노래하다
23	sister	〔시스터 sístəʳ〕	여자형제, 언니
24	sit	〔싯 sit〕	앉다
25	sky	〔스카이 skai〕	하늘
26	sleep	〔슬리~프 sliːp〕	잠자다
27	slow	〔슬로우 slou〕	느린
28	small	〔스몰 smɔːl〕	작은
29	smile	〔스마일 smail〕	미소짓다
30	snake	〔스네이크 sneik〕	뱀
31	snow	〔스노우 snou〕	눈
32	so	〔소우 sou〕	그러므로

33	soap	[소우프 soup]	비누
34	sock	[삭 sak]	양말
35	some	[섬 sʌm]	조금의
36	son	[선 sʌn]	아들
37	song	[송 sɔŋ]	노래
38	sorry	[소~리 sɔ́ːri]	미안합니다
39	speak	[스피~크 spiːk]	말하다
40	spoon	[스푼 spuːn]	숟가락
41	spring	[스프링 spriŋ]	봄
42	square	[스퀘어 skwɛər]	정사각형
43	stand	[스탠드 stænd]	서다
44	star	[스타~ staːr]	별
45	start	[스타~트 staːrt]	출발하다
46	station	[스테이션 stéiʃən]	정거장
47	stay	[스테이 stei]	머물다
48	stop	[스탑 stap]	멈추다
49	store	[스토~ stɔːr]	가게
50	street	[스트리~트 striːt]	거리
51	strong	[스트롱 strɔŋ]	강한
52	student	[스튜~던트 stjuːdənt]	학생
53	study	[스터디 stʌ́di]	공부하다
54	subway	[서브웨이 sʌ́bwei]	지하철
55	sugar	[슈거 ʃúgər]	설탕
56	summer	[서머 sʌ́mər]	여름
57	sun	[선 sʌn]	태양
58	supper	[서퍼 sʌ́pər]	저녁식사
59	sure	[슈어 ʃuər]	확실한
60	sweet	[스위~트 swiːt]	단맛의
61	swim	[스윔 swim]	헤엄치다
62	switch	[스위치 switʃ]	스위치

1. sad 〔새드 sæd〕 슬픈

s→ㅅ æ→애   d→ㄷ

새   ㄷ+(으)=드

2. same 〔세임 seim〕 같은

s→ㅅ e→에 i→이 m→ㅁ

세   임

3. say 〔세이 sei〕 말하다

s→ㅅ e→에   i→이

세   이

4. school 〔스쿨 sku:l〕 학교

s→ㅅ   k→ㅋ u:→우~ l→ㄹ

ㅅ+(으)=스   쿨

5. sea 〔시~ si:〕 바다

s→ㅅ i:→이~

시~

6. season 〔시~즌 síːzn〕 계절

s→ㅅ i:→이~   z→ㅈ n→ㄴ

시~   ㅈ+(으)+ㄴ=즌

7. seat 〔시~트 si:t〕 좌석

s→ㅅ i:→이~   t→ㅌ

시~   ㅌ+(으)=트

8. see 〔시~ si:〕 보다

s→ㅅ i:→이~

시~

9. sell 〔셀 sel〕 팔다

s→ㅅ e→에 l→르
└─────┬─────┘
      ⇓
      셀

---

10. send 〔센드 send〕 보내다

s→ㅅ e→에 n→ㄴ   d→ㄷ
└──────┬──────┘   ⇓
       ⇓   ㄷ+ⓒ=드
       센

---

11. set 〔셋 set〕 놓다

s→ㅅ e→에 t→트
└──────┬──────┘
       ⇓
   셑→셑→셋

---

12. shall 〔섈 ʃæl〕 ~일 것이다

ʃ→시 æ→애 l→르
  ⇓
시+애
ㅅ+이+애
ㅅ+애
  └─┐
    ⇓
    섀
         ⇓
   섀+르 = 섈

---

13. she 〔시~ ʃiː〕 그녀

ʃ→ㅅ iː→이~
  └──┬──┘
     ⇓
    시~

---

14. ship 〔십 ʃip〕 배

ʃ→시 i→이 p→프
  ⇓
시+이
ㅅ+이+이
ㅅ+이
  └─┐
    ⇓
    시
         ⇓
   시+프=싶→십

15. shop 〔샵 ∫ap〕 가게

∫→시 a→아   p→프

시+아

ㅅ+이+아

ㅅ+야

샤

샤+프=샵→샵

---

16. short 〔쇼~트 ∫ɔ:rt〕 짧은

∫→시 ɔ:r→오~   t→트

시+오~   트+ⓔ=트

ㅅ+이+오~

ㅅ+요~

쇼~

---

17. shoulder 〔쇼울더 ∫óuldər〕 어깨

∫→시 o→오   u→우 l→르   d→드 ər→어

시+오   울   더

ㅅ+이+오

ㅅ+요

쇼

---

18. shout 〔샤우트 ∫aut〕 외치다

∫→시 a→아   u→우   t→트

시+아   우   트+ⓔ=트

ㅅ+이+아

ㅅ+야

샤

19. show 〔쇼우 ʃou〕보이다

ʃ→시 o→오 u→우

시+오 우

ㅅ+이+오

ㅅ+요

쇼

20. sick 〔식 sik〕아픈

s→ㅅ i→이 k→ㅋ

싴→식

21. side 〔사이드 said〕측면

s→ㅅ a→아 i→이 d→ㄷ

사 이 ㄷ+ㅇ=드

22. sing 〔싱 siŋ〕노래하다

s→ㅅ i→이 ŋ→ㅇ

싱

23. sister 〔시스터 sístər〕여자형제, 언니

s→ㅅ i→이 s→ㅅ t→ㅌ ər→어

시 ㅅ+ㅇ=스 터

24. sit 〔싯 sit〕앉다

s→ㅅ i→이 t→ㅌ

싵→싣→싯

25. sky 〔스카이 skai〕하늘

s→ㅅ k→ㅋ a→아 i→이

ㅅ+ㅇ=스 카 이

26. sleep 〔슬리~프 sli:p〕 잠자다

s→ㅅ l→ㄹ i:→이~   p→프

ㅅ+ㅇ+ㄹ=슬 리~   프+ㅇ=프

---

27. slow 〔슬로우 slou〕 느린

s→ㅅ l→ㄹ o→오 u→우

ㅅ+ㅇ+ㄹ=슬 로   우

---

28. small 〔스몰 smɔ:l〕 작은

s→ㅅ   m→ㅁ ɔ:→오~ l→ㄹ

ㅅ+ㅇ=스   몰

---

29. smile 〔스마일 smail〕 미소짓다

s→ㅅ   m→ㅁ a→아   i→이 l→ㄹ

ㅅ+ㅇ=스   마   일

---

30. snake 〔스네이크 sneik〕 뱀

s→ㅅ   n→ㄴ e→에 i→이   k→ㅋ

ㅅ+ㅇ=스   네   이 ㅋ+ㅇ=크

---

31. snow 〔스노우 snou〕 눈

s→ㅅ   n→ㄴ o→오 u→우

ㅅ+ㅇ=스   노   우

---

32. so 〔소우 sou〕 그러므로

s→ㅅ o→오 u→우

소   우

---

33. soap 〔소우프 soup〕 비누

s→ㅅ o→오 u→우 p→프

소   우 ㅍ+ㅇ=프

93

34. sock 〔삭 sak〕 양말

s→ㅅ a→아 k→ㅋ
└─────┬─────┘
⇓
삭→삭

35. some 〔섬 sʌm〕 조금의

s→ㅅ ʌ→어 m→ㅁ
└─────┬─────┘
⇓
섬

36. son 〔선 sʌn〕 아들

s→ㅅ ʌ→어 n→ㄴ
└─────┬─────┘
⇓
선

37. song 〔송 sɔŋ〕 노래

s→ㅅ ɔ→오 ŋ→ㅇ
└─────┬─────┘
⇓
송

38. sorry 〔소~리 sɔ:ri〕 미안합니다

s→ㅅ ɔ:→오~   r→르 i→이
└────┬────┘   └────┬────┘
⇓   ⇓
소~   리

39. speak 〔스피~크 spi:k〕 말하다

s→ㅅ   p→ㅍ i:→이~   k→ㅋ
⇓   ⇓   ⇓
ㅅ+ㅇ=스   피~   ㅋ+ㅇ=크

40. spoon 〔스푼 spu:n〕 숟가락

s→ㅅ   p→ㅍ u:→우~   n→ㄴ
⇓   ⇓
ㅅ+ㅇ=스   푸~
└──────┬──────┘
⇓
푸~+ㄴ=푼

41. spring 〔스프링 spriŋ〕 봄

s→ㅅ   p→ㅍ   r→르 i→이 ŋ→ㅇ
⇓   ⇓   └──────┬──────┘
ㅅ+ㅇ=스   ㅍ+ㅇ=프   ⇓
링

42. square 〔스퀘어 skwɛər〕 정사각형

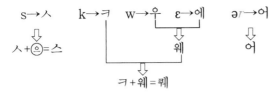

s→ㅅ   k→ㅋ   w→우   ɛ→에   ər→어

ㅅ+ㅇ=스   웨   어

ㅋ+웨=퀘

43. stand 〔스탠드 stænd〕 서다

s→ㅅ   t→ㅌ   æ→애   n→ㄴ   d→ㄷ

ㅅ+ㅇ=스   탠   ㄷ+ㅇ=드

44. star 〔스타~ sta:r〕 별

s→ㅅ   t→ㅌ   a:r→아~

ㅅ+ㅇ=스   타~

45. start 〔스타~트 sta:rt〕 출발하다

s→ㅅ   t→ㅌ   a:r→아~   t→ㅌ

ㅅ+ㅇ=스   타~   ㅌ+ㅇ=트

46. station 〔스테이션 stéiʃən〕 정거장

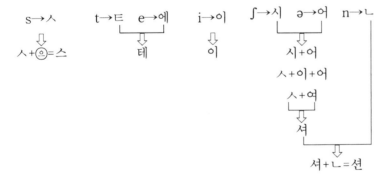

s→ㅅ   t→ㅌ   e→에   i→이   ʃ→시   ə→어   n→ㄴ

ㅅ+ㅇ=스   테   이   시+어

ㅅ+이+어

ㅅ+여

셔

셔+ㄴ=션

47. stay 〔스테이 stei〕 머물다

s→ㅅ   t→ㅌ   e→에   i→이

ㅅ+ㅇ=스   테   이

48. stop 〔스탑 stap〕 멈추다

s→ㅅ   t→ㅌ   a→아   p→ㅍ

ㅅ+ㅇ=스   탚→탑

49. store 〔스토~ stɔːɾ〕 가게

s→ㅅ   t→ㅌ ɔː/ɾ→오~

ㅅ+ⓞ=스   토~

50. street 〔스트리~트 striːt〕 거리

s→ㅅ   t→ㅌ   r→ㄹ iː→이~   t→ㅌ

ㅅ+ⓞ=스 ㅌ+ⓞ=트   리~   ㅌ+ⓞ=트

51. strong 〔스트롱 strɔŋ〕 강한

s→ㅅ   t→ㅌ   r→ㄹ ɔ→오 ŋ→ㅇ

ㅅ+ⓞ=스 ㅌ+ⓞ=트   롱

52. student 〔스튜~던트 stjúːdənt〕 학생

s→ㅅ t→ㅌ j→이 uː→우~ d→ㄷ ə→어 n→ㄴ   t→ㅌ

ㅅ+ⓞ=스   이+우~=유~   던   ㅌ+ⓞ=트

ㅌ+유~=튜~

53. study 〔스터디 stʌdi〕 공부하다

s→ㅅ   t→ㅌ ʌ→어 d→ㄷ i→이

ㅅ+ⓞ=스   터   디

54. subway 〔서브웨이 sʌbwei〕 지하철

s→ㅅ ʌ→어   b→ㅂ   w→우 e→에 i→이

서   ㅂ+ⓞ=브   우+에=웨 이

55. sugar 〔슈거 ʃúgəɾ〕 설탕

ʃ→시 u→우 g→ㄱ əɾ→어

시+우   거

ㅅ+이+우

ㅅ+유

슈

56. summer 〔서머 sʌmər〕 여름

s→ㅅ ʌ→어　m→ㅁ ər→어
서　　　　　머

57. sun 〔선 sʌn〕 태양

s→ㅅ ʌ→어 n→ㄴ
선

58. supper 〔서퍼 sʌpər〕 저녁식사

s→ㅅ ʌ→어　p→ㅍ ər→어
서　　　　　퍼

59. sure 〔슈어 ʃuər〕 확실한

ʃ→시　u→우　ər→어
시+우　　　　어
ㅅ+이+우
ㅅ+유
슈

60. sweet 〔스위~트 swiːt〕 단맛의

s→ㅅ　　w→우 i→이~　　t→트
ㅅ+ㅇ=스　우+이~=위~　트+ㅇ=트

61. swim 〔스윔 swim〕 헤엄치다

s→ㅅ　　w→우 i→이 m→ㅁ
ㅅ+ㅇ=스　우+이=위
위+ㅁ=윔

62. switch 〔스위치 switʃ〕 스위치

s→ㅅ　　w→우 i→이 tʃ→치
ㅅ+ㅇ=스　우+이=위 치

T → 44개

1	table	〔테이블 téibl〕	식탁
2	take	〔테이크 teik〕	잡다
3	talk	〔토~크 tɔ:k〕	이야기하다
4	tall	〔톨 tɔ:l〕	큰
5	tea	〔티~ ti:〕	(음료) 차
6	teach	〔티~치 ti:tʃ〕	가르치다
7	telephone	〔텔러포운 téləfoun〕	전화기
8	television	〔텔러비전 téləviʒən〕	TV
9	tell	〔텔 tel〕	말하다
10	tennis	〔테니스 ténis〕	테니스
11	than	〔댄 ðæn〕	~보다도
12	thank	〔생크 θæŋk〕	감사하다
13	that	〔댓 ðæt〕	그것
14	the	〔더 ðə〕	그, 저
15	then	〔덴 ðen〕	그때에
16	there	〔데어 ðέər〕	거기에
17	they	〔데이 ðei〕	그들
18	thick	〔식 θik〕	굵은, 두꺼운
19	thin	〔신 θin〕	얇은
20	think	〔싱크 θiŋk〕	생각하다
21	this	〔디스 ðis〕	이것
22	through	〔스루~ θru:〕	~을 통하여
23	thumb	〔섬 θʌm〕	엄지손가락
24	tie	〔타이 tai〕	묶다
25	tiger	〔타이거 táigər〕	호랑이
26	time	〔타임 taim〕	시간
27	tired	〔타이어드 taiərd〕	지친
28	to	〔투~ tu:〕	~으로
29	today	〔터데이 tədéi〕	오늘
30	toe	〔토우 tou〕	발가락
31	together	〔터게더 təgéðər〕	함께
32	toilet	〔토일릿 tɔ́ilit〕	화장실

33	tomorrow	〔터모~로우 təmɔ́:rou〕	내일
34	tonight	〔터나이트 tənáit〕	오늘 밤
35	too	〔투~ tu:〕	~도 또한
36	tooth	〔투~스 tu:θ〕	치아
37	towel	〔타월 táuəl〕	수건
38	town	〔타운 taun〕	읍
39	toy	〔토이 tɔi〕	장난감
40	train	〔트레인 trein〕	기차
41	tree	〔트리~ tri:〕	나무
42	true	〔트루~ tru:〕	정말의
43	try	〔트라이 trai〕	시험하다
44	turn	〔턴 tə:rn〕	돌리다

1. table 〔테이블 téibl〕 식탁

t→트 e→에 i→이 b→ㅂ l→르
　└──┘　　↓　　ㅂ+ㅇ+ㄹ=블
　　테　　　이

2. take 〔테이크 teik〕 잡다

t→트 e→에 i→이 k→ㅋ
　└──┘　　↓　　ㅋ+ㅇ=크
　　테　　　이

3. talk 〔토~크 tɔ:k〕 이야기하다

t→트 ɔ:→오~ k→ㅋ
　└──┘　　ㅋ+ㅇ=크
　　토~

4. tall 〔톨 tɔ:l〕 큰

t→트 ɔ:→오~ l→르
　└──────┘
　　　톨

5. tea 〔티~ ti:〕 (음료) 차

t→트 i:→이~
　└──┘
　　티~

6. teach 〔티~치 ti:tʃ〕 가르치다

t→ㅌ i:→이~ tʃ→치
└──┬──┘   └┬┘
   ⇩   ⇩
   티~   치

7. telephone 〔텔러포운 télǝfoun〕 전화기

t→ㅌ e→에 l→ㄹ ǝ→어   f→ㅍ o→오   u→우 n→ㄴ
└──┬──┘   └──┬──┘   └──┬──┘   └──┬──┘
   ⇩   ⇩   ⇩   ⇩
   텔   러   포   운

8. television 〔텔러비전 télǝviʒǝn〕 TV

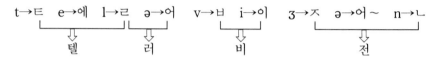

t→ㅌ e→에 l→ㄹ ǝ→어   v→ㅂ i→이   ʒ→ㅈ ǝ→어~ n→ㄴ
└──┬──┘   └──┬──┘   └──┬──┘   └──────┬──────┘
   ⇩   ⇩   ⇩   ⇩
   텔   러   비   전

9. tell 〔텔 tel〕 말하다

t→ㅌ e→에 l→ㄹ
└─────┬─────┘
      ⇩
      텔

10. tennis 〔테니스 ténis〕 테니스

t→ㅌ e→에   n→ㄴ i→이   s→ㅅ
└──┬──┘   └──┬──┘   ⇩
   ⇩   ⇩   ㅅ+ㅡ=스
   테   니

11. than 〔댄 ðæn〕 ~보다도

ð→ㄷ æ→애 n→ㄴ
└─────┬─────┘
      ⇩
      댄

12. thank 〔생크 θæŋk〕 감사하다

θ→ㅅ æ→애 ŋ→ㅇ   k→ㅋ
└─────┬─────┘   ⇩
      ⇩   ㅋ+ㅡ=크
      생

13. that 〔댓 ðæt〕 그것. 저것

ð→ㄷ æ→애 t→ㅌ
└─────┬─────┘
   댇→댄→댓

14. the 〔더 ðə〕 그, 저

ð→ㄷ ə→어
└───┬───┘
⇩
더

15. then 〔덴 ðen〕 그때에

ð→ㄷ e→에 n→ㄴ
└─────┬─────┘
⇩
덴

16. there 〔데어 ðɛər〕 거기에

ð→ㄷ ɛ→에　ər→어
└──┬──┘　　└┬┘
⇩　　　⇩
데　　　어

17. they 〔데이 ðei〕 그들

ð→ㄷ e→에　i→이
└──┬──┘　　⇩
⇩　　　이
데

18. thick 〔식 θik〕 굵은, 두꺼운

θ→ㅅ i→이 k→ㅋ
└─────┬─────┘
⇩
싴→식

19. thin 〔신 θin〕 얇은

θ→ㅅ i→이 n→ㄴ
└─────┬─────┘
⇩
신

20. think 〔싱크 θiŋk〕 생각하다

θ→ㅅ i→이 ŋ→ㅇ　　k→ㅋ
└─────┬─────┘　　⇩
⇩　　　　ㅋ+ⓞ=크
싱

21. this 〔디스 ðis〕 이것

ð→ㄷ i→이　　s→ㅅ
└──┬──┘　　⇩
⇩　　　ㅅ+ⓞ=스
디

22. through 〔스루~ θruː〕 ~을 통하여

θ→ㅅ   r→르   uː→우~
ㅅ+ㅇ=스   루~

23. thumb 〔섬 θʌm〕 엄지손가락

θ→ㅅ   ʌ→어   m→ㅁ
섬

24. tie 〔타이 tai〕 묶다

t→ㅌ   a→아   i→이
타   이

25. tiger 〔타이거 táigər〕 호랑이

t→ㅌ   a→아   i→이   g→ㄱ   ər→어
타   이   거

26. time 〔타임 taim〕 시간

t→ㅌ   a→아   i→이   m→ㅁ
타   임

27. tired 〔타이어드 taiərd〕 지친

t→ㅌ   a→아   i→이   ər→어   d→ㄷ
타   이   어   ㄷ+ㅇ=드

28. to 〔투~ tuː〕 ~으로

t→ㅌ   uː→우~
투~

29. today 〔터데이 tədéi〕 오늘

t→ㅌ   ə→어   d→ㄷ   e→에   i→이
터   데   이

30. toe 〔토우 tou〕 발가락

t→ㅌ o→오 u→우
└─┬─┘   ⇩
  ⇩   우
  토

31. together 〔터게더 təgéðər〕 함께

t→ㅌ e→어 g→ㄱ e→에 ð→ㄷ ər→어
└─┬─┘   └─┬─┘   └──┬──┘
  ⇩   ⇩   ⇩
  터   게   더

32. toilet 〔토일릿 tɔ́ilit〕 화장실

t→ㅌ ɔ→오 i→이 l→ㄹ i→이 t→ㅌ
└─┬─┘   └┬┘ └┬┘   └──┬──┘
  ⇩   ⇩   ⇩
  토   일   리
                    리+ㅌ=릳→릳→릿

33. tomorrow 〔터모~로우 təmɔ́:rou〕 내일

t→ㅌ ə→어 m→ㅁ ɔ:→오~ r→ㄹ o→오 u→우
└─┬─┘   └──┬──┘   └─┬─┘   ⇩
  ⇩   ⇩   ⇩   우
  터   모~   로

34. tonight 〔터나이트 tənáit〕 오늘 밤

t→ㅌ ə→어 n→ㄴ a→아 i→이 t→ㅌ
└─┬─┘   └─┬─┘   ⇩   ⇩
  ⇩   ⇩   이   ㅌ+ⓔ=트
  터   나

35. too 〔투~ tu:〕 ~도 또한

t→ㅌ u:→우~
└──┬──┘
   ⇩
   투~

36. tooth 〔투~스 tu:θ〕 치아

t→ㅌ u:→우~   θ→ㅅ
└──┬──┘   ⇩
   ⇩   ㅅ+ⓔ=스
   투~

37. towel 〔타월 táuəl〕 수건

t→ㅌ a→아 u→우 ə→어 l→ㄹ
└─┬─┘   └─┬─┘   └┐
  ⇩   ⇩   │
  타   우+어=워   │
                 워+ㄹ=월

38. town 〔타운 taun〕 읍

t→ㅌ a→아   u→우 n→ㄴ
└──┬──┘   └──┬──┘
   ⇩   ⇩
   타   운

39. toy 〔토이 tɔi〕 장난감

t→ㅌ ɔ→오   i→이
└──┬──┘   ⇩
   ⇩   이
   토

40. train 〔트레인 trein〕 기차

t→ㅌ   r→르 e→에   i→이 n→ㄴ
 ⇩   └──┬──┘   └──┬──┘
ㅌ+◎=트   ⇩   ⇩
            레   인

41. tree 〔트리~ triː〕 나무

t→ㅌ   r→르 iː→이~
 ⇩   └──┬──┘
ㅌ+◎=트   ⇩
            리~

42. true 〔트루~ truː〕 정말의

t→ㅌ   r→르 uː→우~
 ⇩   └──┬──┘
ㅌ+◎=트   ⇩
            루~

43. try 〔트라이 trai〕 시험하다

t→ㅌ   r→르 a→아   i→이
 ⇩   └──┬──┘   ⇩
ㅌ+◎=트   ⇩   이
            라

44. turn 〔턴 təːrn〕 돌리다

t→ㅌ əːr→어~ n→ㄴ
└────────┬────────┘
         ⇩
         턴

 **→ 6개**

1	uncle	〔엉클 ʌŋkl〕	아저씨
2	under	〔언더 ʌndəɾ〕	아래에
3	understand	〔언더스탠드 ʌndəɾstǽnd〕	이해하다
4	until	〔언틸 əntíl〕	～까지
5	up	〔업 ʌp〕	위에
6	use	〔유～즈 ju:z〕	사용하다

1. uncle 〔엉클 ʌŋkl〕 아저씨

ʌ→어 ŋ→ㅇ   k→ㅋ l→ㄹ
⬇   ⬇
엉   ㅋ+ㅡ+ㄹ=클

2. under 〔언더 ʌndəɾ〕 아래에

ʌ→어 n→ㄴ   d→ㄷ əɾ→어
⬇   ⬇
언   더

3. understand 〔언더스탠드 ʌndəɾstǽnd〕 이해하다

ʌ→어 n→ㄴ d→ㄷ əɾ→어   s→ㅅ   t→ㅌ æ→애 n→ㄴ   d→ㄷ
⬇   ⬇   ⬇   ⬇   ⬇
언   더   ㅅ+ㅡ=스   탠   ㄷ+ㅡ=드

4. until 〔언틸 əntíl〕 ～까지

ə→어 n→ㄴ   t→ㅌ i→이 l→ㄹ
⬇   ⬇
언   틸

5. up 〔업 ʌp〕 위에

ʌ→어 p→ㅍ
⬇
엎→업

6. use 〔유～즈 ju:z〕 사용하다

j→이 u:→우～   z→ㅈ
⬇   ⬇
이+우～=유～   ㅈ+ㅡ=즈

 **→ 3개**

1	very	〔베리 veri〕	대단히
2	visit	〔비짓 vízit〕	방문하다
3	voice	〔보이스 vɔis〕	목소리

1. very 〔베리 veri〕 대단히

v→브 e→에   r→르 i→이
　　↓　　　　　 ↓
　　베　　　　　 리

2. visit 〔비짓 vízit〕 방문하다

v→브 i→이   z→즈 i→이 t→트
　　↓　　　　　　 ↓
　　비　　　　 짙→짇→짓

3. voice 〔보이스 vɔis〕 목소리

v→브 ɔ→오   i→이　　 s→ㅅ
　　↓　　　　　↓　　　　↓
　　보　　　　이　　 ㅅ+으=스

W → 36개

1	wait	〔웨이트 weit〕	기다리다
2	walk	〔워~크 wɔ:k〕	걷다
3	want	〔원~트 wɔ:nt〕	원하다
4	war	〔워~ wɔ:r〕	전쟁
5	warm	〔웜 wɔ:rm〕	따뜻한
6	wash	〔와시 waʃ〕	씻다
7	watch	〔와치 watʃ〕	손목시계
8	water	〔워~터 wɔ:tər〕	물
9	way	〔웨이 wei〕	길
10	we	〔위~ wi:〕	우리는
11	weak	〔위~크 wi:k〕	약한
12	wear	〔웨어 wɛər〕	입고있다
13	week	〔위~크 wi:k〕	1주간
14	well	〔웰 wel〕	잘한
15	west	〔웨스트 west〕	서쪽
16	what	〔왓 (h)wat〕	무엇
17	when	〔웬 (h)wen〕	언제
18	where	〔웨어 (h)wɛər〕	어디에
19	which	〔위치 (h)witʃ〕	어느쪽
20	white	〔와이트 (h)wait〕	흰색
21	who	〔후~ hu:〕	누구
22	why	〔와이 (h)wai〕	왜
23	wide	〔와이드 waid〕	넓은
24	will	〔윌 wil〕	의지. ~일 것이다
25	wind	〔윈드 wind〕	바람
26	window	〔윈도우 wíndou〕	창문
27	winter	〔윈터 wíntər〕	겨울
28	with	〔위드 wið〕	~와 함께
29	woman	〔우먼 wúmən〕	여자
30	word	〔워~드 wə:rd〕	낱말
31	work	〔워~크 wə:rk〕	일
32	world	〔월드 wə:rld〕	세계

33	worry	〔워~리 wə́:ri〕	걱정하다
34	wow	〔와우 wau〕	아이구!
35	write	〔라이트 rait〕	쓰다
36	wrong	〔롱 rɔ:ŋ〕	나쁜

1. wait 〔웨이트 weit〕 기다리다

w→우 e→에   i→이   t→트

우+에=웨(we→웨)   이   트+◎=트

2. walk 〔워~크 wɔ:k〕 걷다

w→우 ɔ:→오~   k→ㅋ

우+오~=워~(wɔ:→워~)   ㅋ+◎=크

3. want 〔원~트 wɔ:nt〕 원하다

w→우 ɔ:→오~   n→ㄴ   t→트

우+오~=워~   트+◎=트

워~+ㄴ=원(wɔ→워)

4. war 〔워~ wɔ:r〕 전쟁

w→우 ɔ:r→오~

우+오~=워~(wɔ:r→워~)

5. warm 〔웜 wɔ:rm〕 따뜻한

w→우 ɔ:r→오~   m→ㅁ

우+오~=워~

워~+ㅁ=웜(wɔ:r→워~)

6. wash 〔와시 waʃ〕 씻다

w→우 a→아   ʃ→시

우+아=와(wa→와)   시

7. watch 〔와치 watʃ〕 손목시계

w→우 a→아   tʃ→치

우+아=와(wa→와)   치

8. water 〔워～터 wɔ:tər〕 물

w→우 ɔ:→오～   t→ㅌ ər→어

우+오～=워～(wɔ:→워～)   터

9. way 〔웨이 wei〕 길

w→우 e→에   i→이

우+에=웨(we→웨)   이

10. we 〔위～ wi:〕 우리는

w→우 i:→이～

우+이～=위～

11. weak 〔위～크 wi:k〕 약한

w→우 i:→이～   k→ㅋ

우+이～=위～   ㅋ+ⓒ=크

12. wear 〔웨어 wɛər〕 입고있다

w→우 ɛ→에   ər→어

우+에=웨   어

13. week 〔위～크 wi:k〕 1주간

w→우 i:→이～   k→ㅋ

우+이～=위～   ㅋ+ⓒ=크

14. well 〔웰 wel〕 잘한

w→우 e→에   l→르

우+에=웨

웨+르=웰

15. west 〔웨스트 west〕 서쪽

w→우 e→에   s→ㅅ   t→ㅌ

우+에=웨   ㅅ+ⓐ=스   ㅌ+ⓐ=트

---

16. what 〔왓 (h)wat〕 무엇

(h)→발음생략   w→우 a→아   t→ㅌ

우+아=와

와+ㅌ=왙→완→왓

---

17. when 〔웬 (h)wen〕 언제

(h)→발음생략   w→우 a→에   n→ㄴ

우+에=웨

웨+ㄴ=웬

---

18. where 〔웨어 (h)wɛər〕 어디에

(h)→발음생략   w→우 ɛ→에   ər→어

우+에=웨   어

---

19. which 〔위치 (h)witʃ〕 어느쪽

(h)→발음생략   w→우 i→이   tʃ→치

우+이=위   치

---

20. white 〔와이트 (h)wait〕 흰색

(h)→발음생략   w→우 a→아   i→이   t→ㅌ

우+아=와   이   ㅌ+ⓐ=트

---

21. who 〔후~ hu:〕 누구

h→ㅎ u:→우~

후~

22. why 〔와이 (h)wai〕왜

(h)→발음생략　　w→우　a→아　　　i→이

우+아=와　　　　이

23. wide 〔와이드 waid〕넓은

w→우　a→아　　i→이　　　d→드

우+아=와　　　이　　　ㄷ+ⓞ=드

24. will 〔윌 wil〕의지. ~일 것이다

w→우　i→이　　l→르

우+이=위

위+르=윌

25. wind 〔윈드 wind〕바람

w→우　i→이　　n→ㄴ　　　d→드

우+이=위　　　　　　ㄷ+ⓞ=드

위+ㄴ=윈

26. window 〔윈도우 windou〕창문

w→우　i→이　　n→ㄴ　　　d→드　o→오　　u→우

우+이=위　　　　　　도　　　　우

위+ㄴ=윈

27. winter 〔윈터 wintər〕겨울

w→우　i→이　　n→ㄴ　　　t→트　ər→어

우+이=위　　　　　　터

위+ㄴ=윈

28. with 〔위드 wið〕~와 함께

w→우　i→이　　ð→드

우+이=위　　ㄷ+ⓞ=드

29. woman 〔우먼 wúmən〕 여자

w→우 u→우   m→ㅁ ə→어 n→ㄴ

우+우=우   먼

---

30. word 〔워~드 wə:ɾd〕 낱말

w→우 ə:ɾ→어~   d→ㄷ

우+어~=워~   ㄷ+ㅇ=드

---

31. work 〔워~크 wə:ɾk〕 일

w→우 ə:ɾ→어~   k→ㅋ

우+어~=워~   ㅋ+ㅇ=크

---

32. world 〔월드 wə:ɾld〕 세계

w→우 ə:ɾ→어~ l→ㄹ   d→ㄷ

우+어~=워~   ㄷ+ㅇ=드

워~+ㄹ=월

---

33. worry 〔워~리 wə:ri〕 걱정하다

w→우 ə:→어~   r→ㄹ i→이

우+어~=워~   리

---

34. wow 〔와우 wau〕 아이구!

w→우 a→아   u→우

우+아=와   우

---

35. write 〔라이트 rait〕 쓰다

r→ㄹ a→아 i→이   t→ㅌ

라   이   ㅌ+ㅇ=트

---

36. wrong 〔롱 rɔ:ŋ〕 나쁜

r→ㄹ ɔ:→오~ ŋ→ㅇ

롱

 **→ 2개**

1	x-ray	〔엑스레이 éksrei〕	엑스선
2	xylophone	〔자일러포운 záiləfoun〕	실로폰

1. x-ray 〔엑스레이 éksrei〕 엑스선

e→에 k→ㅋ   s→ㅅ   r→르 e→에   i→이

⇩   ⇩   ⇩   ⇩

엑→엑   ㅅ+⊙=스   레   이

2. xylophone 〔자일러포운 záiləfoun〕 실로폰

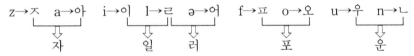

z→ㅈ a→아 i→이 l→르 ə→어 f→ㅍ o→오 u→우 n→ㄴ

⇩   ⇩   ⇩   ⇩   ⇩

자   일   러   포   운

 → 7개

1	yes	〔예스 jes〕	예
2	year	〔이어 jiə𝘳〕	한해. 일년
3	yellow	〔옐로우 jélou〕	노랑
4	yesterday	〔예스터데이 jéstə𝘳dei〕	어제
5	yet	〔옛 jet〕	아직
6	you	〔유~ ju:〕	너, 당신
7	young	〔영 jʌŋ〕	젊은

1. yes 〔예스 jes〕 예

j→이 e→에   s→ㅅ
이+에=예   ㅅ+ㅇ=스

2. year 〔이어 jiə𝘳〕 한해. 일년

j→이 i→이   ə𝘳→어
이+이=이   어

3. yellow 〔옐로우 jélou〕 노랑

j→이 ə→에   l→ㄹ o→오   u→우
이+에=예   로   우
예+ㄹ=옐

4. yesterday 〔예스터데이 jéstə𝘳dei〕 어제

j→이 e→에   s→ㅅ   t→ㅌ ə𝘳→어   d→ㄷ e→에   i→이
이+에=예   ㅅ+ㅇ=스   터   데   이

114

5. yet 〔옛 jet〕 아직

j→이 ə→에 t→ㅌ

이＋에＝예

옡→옏→옛

---

6. you 〔유～ juː〕 너, 당신

j→이 uː→우～

이＋우～＝유～

---

7. young 〔영 jʌŋ〕 젊은

j→이 ʌ→어 ŋ→ㅇ

이＋어＝여

여＋ㅇ→영

Z → 4개

1	zebra	〔지~브러 zíːbrə〕	얼룩말
2	zero	〔지어로우 zíərou〕	제로, 영(0)
3	zone	〔조운 zoun〕	지대
4	zoo	〔주~ zuː〕	동물원

1. zebra 〔지~브러 zíːbrə〕 얼룩말

z→ㅈ iː→이~   b→ㅂ   r→ㄹ ə→어
    ⇩   ⇩   ⇩
지~   ㅂ+ⓞ=브   러

2. zero 〔지어로우 zíərou〕 제로, 영(0)

z→ㅈ i→이 ə→어 r→ㄹ o→오 u→우
  ⇩   ⇩   ⇩   ⇩
지   어   로   우

3. zone 〔조운 zoun〕 지대

z→ㅈ o→오   u→우 n→ㄴ
   ⇩   ⇩
조   운

4. zoo 〔주~ zuː〕 동물원

z→ㅈ uː→우~
   ⇩
주~

116

마법 영단어 600

2006년 2월 11일 1쇄 발행
2015년 6월 26일 8쇄 발행

지은이 | 성경연
펴낸이 | 서정원
펴낸곳 | 인쇄출판 토파민
출판등록 | 제18-63호
주소 | 서울특별시 중랑구 망우1동 134-28호
전화 | (02)495-0014, 496-6643

· **총판** | 하늘유통 (031)947-7777

· **구입 및 내용 문의** | purplesky2@hanmail.net (전화) 010-6225-9904

값은 뒷표지에 있습니다.
ISBN 978-89-88131-68-8